FRANZ HOHLER · NIKOLAUS HEIDELBACH
DAS GROSSE BUCH

15. Juli 2013

Lieber Timon!
Alles Gute zu Deinem
Geburtstag wünschen Dir
SOPHIA OMA
& Dorothee

FRANZ HOHLER · NIKOLAUS HEIDELBACH

DAS GROSSE BUCH

GESCHICHTEN FÜR KINDER

CARL HANSER VERLAG

Die Schreibweise in diesem Buch entspricht den Regeln
der neuen Rechtschreibung.

Unser gesamtes lieferbares Programm und viele andere Informationen
finden Sie unter www.hanser.de

5   13 12

ISBN 978-3-446-23312-6
Alle Rechte vorbehalten
© Carl Hanser Verlag München 2009
Satz: Satz für Satz. Barbara Reischmann, Leutkirch
Litho: Fotosatz Amann, Aichstetten
Druck und Bindung: Memminger MedienCentrum
Printed in Germany

DIE KREIDE UND DER SCHWAMM

Eine Kreide begann langsam einen Satz an die Wandtafel zu schreiben:
»Etwas vom Wichtigsten auf der Welt ist –«
»Na?«, sagte der Schwamm, der sich tropfend näherte.
»– der Schwamm«, schrieb die Kreide schnell.
»Na also«, sagte der Schwamm und ließ sich zufrieden in seine Schale unter der Tafel sinken.

OH, HUGO!

Der kleine Hugo hatte kein leichtes Leben.
Zwar wohnte er mit seinen Eltern, seinem Schwesterlein Zora und seinem Meerschweinchen Olaf in einer schönen Siedlung am Waldrand. Aber wenn irgendetwas Dummes passierte, also wenn sein Schwesterchen weinte oder wenn sein Freund Rudi mit dem Fahrrad hinfiel oder wenn das Meerschweinchen Olaf an Vaters Schuhen knabberte, sagten die Eltern zu Hugo: »Du bist schuld!«, oder einfach: »Oh, Hugo!«
Dabei hatte Hugo sein Schwesterlein Zora nur an den Haaren gezogen und Rudi nur mit einer Grillzange in die Speichen gegriffen und Olaf nur mal schnell auf den Teppich gesetzt.
Wenn im Schulhaus eine Bananenschale auf der Treppe lag und die Lehrerin darauf ausglitt, war ganz klar, wer schuld daran war: Hugo.
Wenn bei den Fahrrädern auf dem Spielplatz die Luft raus war, konnte es nur einer gewesen sein: Hugo.
Wenn ein Abfallkorb in Flammen stand, weil jemand ein Streichholz hineingeworfen hatte, konnte das nur einen Grund haben: Hugo.
Einmal sollte Hugo sein Schwesterlein Zora hüten und machte stattdessen ein Computerspiel. Zora wollte zur Schokoladendose, stieg in der Küche auf einen Stuhl, fiel hinunter und schlug sich

den Kopf so blutig, dass der Arzt nähen musste. Und die Mutter rief nicht etwa: »Ach, Zora!«, sondern: »Oh, Hugo!«

Als sich Olafs Bäuchlein eines Tages so zu blähen begann, dass man mit ihm zum Tierarzt musste, wusste Hugo, warum. Er hatte ihm alle Broccoli verfüttert, die er selbst nicht gern hatte, und er hielt sich die Ohren zu, damit er das Meerschweinchen nicht piepsen hörte: »Oh, Hugo!«

Langsam war Hugo überzeugt, dass er an allem schuld war, was schiefging.

Einmal brüllten sich seine Eltern so heftig an, dass Hugo dazwischentrat und »Frieden!« schrie. Am nächsten Tag sagten ihm die Eltern, sie ließen sich scheiden. Hugo wusste sofort, wer schuld war daran.

Nach der Scheidung holte der Vater öfters seine beiden Kinder übers Wochenende zu sich in seine neue Wohnung.

Einmal aber rief er an und sagte, sie könnten morgen nicht kommen, er müsse in den Krieg. Hugos Vater war nämlich Pilot bei der Luftwaffe.

Hugo wusste gleich, wer schuld daran war. Er erinnerte sich, dass er bei der Scheidung gedacht hatte: »Hoffentlich gibt es Krieg und mein Vater muss hin.«

Hugo war ganz verzweifelt und schrieb dem Präsidenten des Landes einen Brief, in dem stand:

»Lieber Herr Presidänt!
Bitte hören Sie auf mit dem Krig. Ich bin schuld daran, und es tut mir leid.

Ihr Hugo.«

Der Präsident wunderte sich sehr über den Brief, und Hugos Mutter wunderte sich noch mehr, als der Präsident bei ihr anrief und sich nach Hugo erkundigte. Schon am nächsten Tag durfte Hugo zum Präsidenten fahren. Der fragte Hugo, wieso er meine, dass er am Krieg schuld sei, und Hugo erklärte es ihm.

Er war dann sehr erleichtert, als ihm der Präsident versicherte, der Krieg sei ganz und gar ohne Hugos Zutun ausgebrochen.

»Könnten Sie nicht damit aufhören?«, fragte Hugo und dachte an seinen Vater.

»Und wie könnten wir denn mit dem Krieg aufhören?«, fragte der Präsident zurück.

Hugo musste nicht lange überlegen.

»Bombardieren Sie die Städte mit Bananen und schießen Sie mit Schokolade auf die Feinde«, schlug er vor.

»Und für die Kinder der Feinde müssen Sie Meerschweinchen abwerfen«, fügte er hinzu.

»Wenn du meinst«, sagte der Präsident, »dann werden wir es einmal versuchen.«

Am nächsten Tag ließ Hugos Vater aus seinem Flugzeug statt der Bomben ein paar Tonnen Bananen auf die feindliche Hauptstadt fallen.

Alle Kanonen an der Grenze wurden mit Osterhasen aus Schokolade geladen und pausenlos auf die Feinde abgefeuert, und an kleinen Fallschirmen schwebten Tausende von Meerschweinchen ins Feindesland hinunter.

Die Feinde waren sehr erstaunt über die neue Art von Krieg. In der Hauptstadt hatte es schon lang keine Bananen mehr gegeben. Alle Leute aßen davon und waren begeistert. An der Front hatte

es schon lange keine Schokolade mehr gegeben, und alle Soldaten aßen ihre Osterhasen, statt zu schießen. Die Kinder in diesem Land hatten nur wenig Haustiere, und nun tummelte sich fast in jedem Kinderzimmer ein Meerschweinchen.

Beim nächsten Fliegeralarm rannten die Menschen nicht in ihre Bunker, sondern auf die Straße, und diesmal regnete es Glockenäpfel und Goldhamster, und auf die Soldaten an der Front prasselten farbige Zuckereier.

So dauerte es nicht lange, bis die beiden Länder Frieden schlossen.

»Und wissen Sie«, fragte der Präsident den andern Präsidenten, als sie sich zu einem großen Versöhnungsessen trafen, »wissen Sie, wer eigentlich an diesem Frieden schuld ist?«

Natürlich wusste es der andere Präsident nicht.
Aber *wir* wissen es.

DIE FLEISSIGE TIEFKÜHLTRUHE

Es war einmal ein Ferienhaus in den Bergen, das gehörte einem kleinen Mann mit einer Glatze, und im Keller dieses Ferienhauses stand eine Tiefkühltruhe.

Die Tiefkühltruhe liebte den kleinen Mann mit der Glatze sehr. Sie freute sich wochenlang, bis er kam, und war dann immer etwas traurig, wenn er nur schnell den Deckel aufmachte und eine gefrorene Schweinswurst herausnahm, ohne sie zu beachten.

Gerne hätte sie ihm gezeigt, was sie konnte und was sie wert war, und siehe da, eines Tages hatte sie plötzlich Gelegenheit dazu.

Bevor der kleine Mann mit der Glatze im Winter aus dem Ferienhaus abreiste, schmiss er noch schnell etwas Butter, eine Packung Rohschinken und ein paar Schweinswürste in die Tiefkühltruhe. Natürlich sagte er auch jetzt wieder nichts, obwohl die Truhe ein schmeichelndes Eisräuchlein aus ihren Tiefen steigen ließ, aber als er den Deckel schloss, berührte er aus Versehen mit seinem Daumen den Schalter »Schnellkühlung«.

Das ließ sich die Truhe nicht zweimal sagen. Sie kühlte und kühlte, so schnell sie konnte, und einen Tag, nachdem der kleine Mann mit der Glatze fortgegangen war, war ihr Boden schon mit einer Eisschicht bedeckt, und nach zwei Tagen waren die Zuchtforellen unten in der Truhe bereits vom Eis umschlossen und nach drei Tagen die Spinatschachteln mit dem verfallenen Datum, und der Schalter »Schnellkühlung« leuchtete immer noch, und nach vier Tagen waren auch die Schweinswürste und der Rohschinken samt der Butter von Eis umklammert, und am fünften Tag sprang der Deckel mit einem kleinen Knall auf, und weil der Schalter »Schnellkühlung« immer noch leuchtete, kühlte die Truhe weiter, und bald wuchs ein kleiner Gletscher zum Deckel heraus, schubste nach ein paar Tagen die Weinflaschen vom Regal und zerdrückte sanft, aber unaufhaltsam alle Shampoos und Schaumbäder, die dort als Vorräte standen. Mit einem seltsamen Knirschen wurden auch die Thunfischbüchsen verbogen und schwammen im gefrorenen Schaumbad mit, und der Schalter »Schnellkühlung« leuchtete immer noch unter dem Eis, das nun langsam die Treppe hochstieg. Ein paar Tage später krachte die Kellertüre, und der Tiefkühltruhengletscher war in der Wohnung und hatte zum ersten Mal in seinem Leben einen Teppich unter den Füßen. Aber tief unten leuchtete der Schalter »Schnellkühlung« weiter, und so kroch der Gletscher zur Sitzgruppe und machte es sich auf den schwarzen Polstern bequem. Als er in der Küche auf den Kühlschrank traf, gab es ein großes Hallo, der Kühlschrank öffnete sofort seine Tür, und zusammen kippten sie ein Bier.

Ja, und so wäre es noch lange weitergegangen, wenn nicht im Frühling ein Bergführer und ein Elektriker am Haus vorbeigegangen wären und gesehen hätten, dass aus dem Kamin ein Eisberg wuchs. Im selben Moment brach die Haustüre von innen splitternd auf, und der Rest ist bald erzählt.

Der Elektriker hatte nämlich seinerzeit dem kleinen Mann mit der Glatze die Kühltruhe verkauft und vermutete gleich, der Eisstrom käme aus dem Keller.

Eine ganze Woche lang arbeitete sich der Bergführer mit dem Pickel in den Keller hinunter, bis er den Schalter »Schnellkühlung« unter dem Eis hervorschimmern sah.

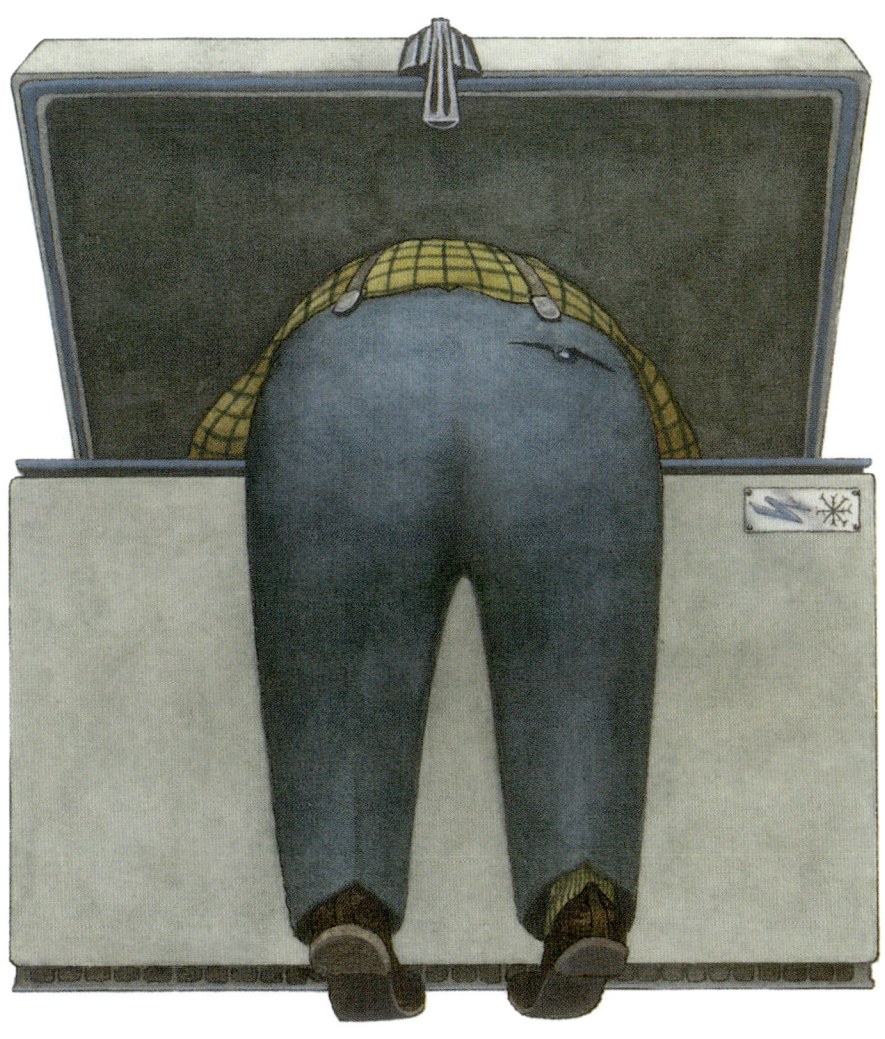

Der Elektriker machte noch schnell ein Foto für seinen Prospekt, um zu zeigen, dass diese Tiefkühltruhe wirklich »einen Hauch von Sibirien in Ihren Keller bringt«, wie er den Kunden immer angepriesen hatte, und als der kleine Mann mit der Glatze später in seinem übel zugerichteten Ferienhaus stand, ging er nachdenklich zu seiner Kühltruhe hinunter.

Er schaute sie lange an, hob dann drohend den Finger und sagte: »Na, du Truhe, du!«

Von jetzt an behandelte er sie aber viel vorsichtiger, er blickte sie immer zweimal an, bevor er sie öffnete oder schloss, und nun passierte nie mehr etwas Derartiges, und da können wir froh sein, denn der Elektriker aus den Bergen, der mir das erzählt hat, hat gesagt, wenn es auf der Erde je wieder zu einer Eiszeit kommen sollte, dann so.

EINE DUMME GESCHICHTE

Eine Sau erhielt einmal Besuch, und zwar von einem Stroh. »Hallo, Stroh!«, sagte die Sau, die gerade mit der Schnauze im Trog wühlte, »was führt dich zu mir?«

»Eine Beleidigung«, sagte das Stroh mit piepsender Stimme, »eine unerträgliche, dauernde Beleidigung!«

Erschrocken blickte die Sau von ihrem Imbiss auf.

»Ich soll dich beleidigt haben?«, fragte sie, »das täte mir leid.«

»Nein«, krähte das Stroh, »du und ich, wir werden täglich beleidigt! Wenn die Menschen jemandem sagen wollen, er sei besonders dumm, sagen sie entweder strohdumm oder saudumm!«

Die Sau hörte auf zu kauen.

»Und was willst du dagegen tun?«, fragte sie.

»Darüber habe ich lange nachgedacht«, sagte das Stroh stolz, »und jetzt weiß ich es. Wir schlagen den Menschen einfach ein neues Wort vor.«

»Aha«, sagte die Sau, »und was für ein Wort?«

Das Stroh holte ganz tief Luft und sagte dann: »Steindumm.«

Die Sau wackelte nachdenklich mit den Ohren. »Ich weiß nicht«, sagte sie, »damit würde einfach jemand anderer beleidigt.«

»Einem Stein kann das egal sein«, giftelte das Stroh, »der ist doch steindumm.«

»Nein«, sagte die Sau, »ich mache nicht mit. Sollen die Menschen sagen, wie sie wollen.«

»Gut«, sagte das Stroh trotzig, »dann mache ich den Vorschlag allein – wenn du so saudumm bist.« Und es machte sich sogleich auf den Weg.

Aber es war keine zwei Schritte gegangen, da fiel aus dem Schweinestall ein Stein herunter und schlug es tot.

Die Sau schüttelte den Kopf. »Das kommt davon«, sagte sie und senkte die Schnauze wieder in den Trog, »das kommt davon, wenn man so strohdumm ist.«

DER RIESE UND
DIE ERDBEERKONFITÜRE

Ein Zwerg wurde einmal nach Amerika eingeladen. Sein Bruder war vor vielen Jahren dorthin ausgewandert und schickte ihm nun ein Flugticket, damit er ihn besuchen komme.

Der Zwerg freute sich sehr, aber dummerweise fiel der Tag der Reise genau in die Zeit der Erdbeerernte. Das war deshalb dumm, weil der Zwerg jedes Jahr den Bauersleuten, in deren Nähe er wohnte, eine Nacht lang Erdbeerkonfitüre machte, die sie dann am Morgen als Überraschung auf dem Küchentisch vorfanden. Dafür legten sie ihm jeweils in der nächsten Nacht einige Päcklein Kaugummi vor die Türe, da sie wussten, dass der Zwerg Kaugummi über alles liebte.

Der Zwerg überlegte sich lange, was er tun sollte. Er wäre furchtbar gern nach Amerika geflogen, aber er wollte seine Bauersleute nicht im Stich lassen. Schließlich ging er zu einem Riesen, der im Nachbartal wohnte, und fragte ihn, ob er ihn nicht dieses Jahr beim Konfitüremachen vertreten könne. Er erzählte ihm auch vom Kaugummi, und als der Riese fragte, ob er dann wohl ein bisschen von der Konfitüre probieren dürfe, sagte der Zwerg, selbstverständlich, wenn es nicht zu viel ist, und da sagte der Riese zu.

Der Zwerg schilderte ihm genau, wo das Haus war und wo die

Küche im Haus war und wo die Gläser und die Pfannen und der Zucker und die Löffel in der Küche waren und dass er auf 1 Kilo Erdbeeren 1 Kilo Zucker nehmen müsse, und ermahnte ihn, äußerst leise zu sein und am Schluss alles schön aufzuräumen, abzuwaschen und wieder an seinen Platz zu stellen, da das mit zur Überraschung gehörte.

Der Riese versprach ihm, alles nach seinen Anweisungen zu tun, und der Zwerg flog erleichtert nach Amerika ab.

Als die Sommersonnwende gekommen war – das war nämlich die Nacht, die der Zwerg zum Erdbeerkonfitüremachen immer abwartete –, ging der Riese mit großen Schritten zum Bauernhaus, das ihm der Zwerg angegeben hatte. Er sah sogleich, dass der Kücheneingang zu klein war für ihn, hob die Tür aus den Angeln und schlug oben noch ein Stück aus der Mauer heraus, bevor er sich hineinzwängen konnte. Drinnen war alles so, wie ihm der Zwerg erzählt hatte, und der Riese begann sofort mit der Arbeit. Allerdings waren seine Hände zu grob, um die Stiele von den Erdbeeren abzunehmen, also warf er diese samt den Stielen in den Topf, den er auf den Herd gestellt hatte. Kaum hatte er die Herdplatte auf Stufe 6 gedreht, zersprang der Topf, und der Riese merkte, dass er ihn mit einer Pfanne verwechselt hatte. Als er die Erdbeeren, die nun auf dem Herd herumlagen, mit den Händen aufnehmen wollte, verbrannte er sich die Finger auf der heißen Platte und schrie laut auf. Dann kam ihm in den Sinn, dass er leise sein sollte, und um sich zu beruhigen, summte er ein bisschen vor sich hin. Das tönte wie ein ganzer Männerchor, und die Bauersleute, die schon beim ersten Rumpeln im Bett aufgefahren waren, erschraken nun noch mehr. Der Bauer wollte nachschauen gehen, aber die Frau hielt ihn zurück und sagte, der Zwerg habe wohl dieses Jahr ein paar Helfer mitgebracht, und wenn sie ihn bei seiner Arbeit überraschten, käme er nie mehr.

Inzwischen hatte der Riese alle Erdbeeren und auch ein paar Scherben des Topfes in die große Pfanne gekippt und dazu unablässig vor sich hergesummt, um seine Brandwunden zu vergessen. Die Pfanne stand nun auf der heißen Platte, und der Riese versuchte sich zu erinnern, wie viel Zucker er dazugeben musste. Er hatte aber keine Ahnung mehr, und so schüttete er einfach so viel dazu, bis die Pfanne voll war. Die Küchenuhr hatte er beim Hereinkommen mit dem Kopf heruntergeschlagen, und deshalb begann er laut zu zählen. 20 Minuten sollte die Konfitüre kochen, hatte der Zwerg gesagt, und da der Riese wusste, dass eine Minute 100 Sekunden hat, nahm er sich vor, 20 mal bis 100 zu zählen und dann die Pfanne vom Herd zu nehmen. Er war noch nicht zum ersten Mal auf 100, als der Zucker aus der Pfanne überzulaufen begann, so sehr er auch mit dem Löffel rührte. Oh, dachte der Riese, oder sollten es nur 20 Sekunden gewesen sein? Er nahm einen Löffel voll in den Mund und biss auf eine heiße Scherbe, die er mit einem Schmerzensschrei ausspuckte.

Was er aber danach im Mund hatte, war so süß wie nichts, was er bisher im Mund gehabt hatte, und da ihm der Zwerg ja erlaubt hatte, gelegentlich etwas zu probieren, schlürfte er den erwärmten Zucker mit Erdbeergeschmack Löffel um Löffel herunter, rief ein übers andere Mal »Ah!« und »Oh!« und dazwischen manchmal »Auuu!«, wenn er wieder eine Topfscherbe erwischt hatte, und erst als er den Boden der Pfanne sah, dachte er wieder an seinen eigentlichen Auftrag und leerte rasch die paar Scherben, die

zuunterst lagen, in eines der bereitstehenden Gläser, verschüttete die Hälfte des klebrigen Saftes auf den Tisch und stellte dann die leere Pfanne auf den Küchenboden. Da er das Papier nicht fand, mit dem er die Konfitüre hätte verschließen sollen, legte er den Pfannendeckel auf das Glas und schrieb auf einen leeren Zuckerpapiersack: »Ire Erpeerkompfi. Vreue mich schohn auf ten Kaugumi. Ir Tzwerg.« Das Schreiben hatte ihn so erschöpft, dass er sich einen Moment ausruhen musste, und tief aufatmend setzte er sich auf die heiße Herdplatte.

Mit einem markerschütternden Geheul fuhr er sogleich wieder auf, stieß mit dem Kopf durchs Dach der Küche, dass die Balken und Ziegel auseinanderbarsten, und machte sich mit langen Schritten davon, in sein Tal, wo er seinen wunden Hintern in den Bach hielt, der vor seiner Höhle vorbeifloss.

Als sich die Bauersleute aus dem Schlafzimmer in die Küche wagten oder in das, was von der Küche noch übrig geblieben war, schüttelten sie immer wieder den Kopf. Die Frau sagte, das kann nicht unser Zwerg gewesen sein, und der Mann, der mit dem Taschenrechner den Schaden zusammenzählte, sagte, der braucht nicht mehr zu kommen.

Und der Zwerg kam auch nicht mehr, denn es gefiel ihm so gut bei seinem Bruder in Amerika, dass er einen Englischkurs nahm und dort blieb, und auch der Riese ließ sich wohlweislich nicht mehr blicken, und so müssen sich die Bauersleute ihre Erdbeerkonfitüre wieder selber machen, obwohl die Frau noch heute jedes Jahr in der Nacht nach der Sommersonnwende einen Kaugummi vor die Haustür legt.

DER TRAUMPRINZ

Vor der Königsstadt lauerte ein grässlicher Drache und verschlang wahllos Reisende, Ausflügler und Lieferanten, die nichts ahnend des Weges kamen.

Als auch die Spezialeinheit des königlichen Heeres zur Drachenbekämpfung vom Drachen zermalmt wurde, ließ der König verkünden, wer dieses Untier besiegen könne, bekäme seine Tochter zur Frau.

Das zog einige Abenteurer und Prinzen an, die es zu Pferd mit dem Speer oder zu Fuß mit dem Schwert versuchten, aber einer nach dem andern musste dabei sein Leben lassen.

Nachdem fünf Abenteurer und zwei Prinzen vom Drachen getötet worden waren, kam der dritte Prinz und richtete in der Nähe des Drachennestes eine große Feldküche ein, aus der bald die wunderbarsten Düfte strömten. Auf eine große Tafel schrieb er »Zum Drachenpicknick«. Dem Drachen stiegen die Düfte in die Nase, und als er auch noch die Tafel las, erkundigte er sich beim Prinzen, was das zu bedeuten habe.

Der Prinz sagte ihm, dass es hier von nun an täglich eine Mahlzeit für Drachen gebe, mit stets wechselndem Menü.

Das erste Menü schmeckte dem Drachen vorzüglich, es war ein gebratener Ochse, der mit einem gebratenen Schaf gefüllt war, und er beschloss, am nächsten Tag wiederzukommen.

Am nächsten Tag gab es Walfisch mit Eierschwämmen, und der Drache war begeistert, sodass er am dritten Tag das Wildschwein mit der Knollenblätterpilzsauce schmatzend verzehrte und bald darauf unter schrecklichen Krämpfen den Vergiftungstod starb.
Die Prinzessin freute sich auf das Zusammenleben mit diesem tapferen Mann, und die Hochzeit wurde ein rauschendes Fest.
Sie war etwas erstaunt, als ihr der Prinz gestand, er würde eigentlich am liebsten zu Hause bleiben und den Haushalt besorgen. Aber es kam der Prinzessin gelegen, denn sie war Ohrenärztin und hatte so viele Patienten, die zu ihr kamen, dass sie froh war, wenn sie sich am Mittag an einen gedeckten Tisch setzen konnte, und dass sie nachher das Geschirr nicht abzuwaschen brauchte und dass sie sich auch nicht um ihre Wäsche kümmern musste, denn das machte alles der Prinz.
Auch die beiden Kinder, die sie bekamen, wurden vor allem vom Prinzen gewickelt, gebadet, gekleidet, und nach dem Abstillen machte er ihnen die wunderbarsten Nuckelflaschen, an denen sie immer mit großer Freude saugten.
Der König hätte es zwar lieber gesehen, wenn der Prinz die Leitung seiner Armee übernommen hätte, aber der betonte, es sei ihm wichtiger, dass seine Kinder saubere Windeln bekämen, und er halte Kriege für unmenschlich.
Und so wurden sie zusammen älter, und als der König starb, wurde der Bruder der Prinzessin sein Nachfolger, und die Prinzessin wurde eine berühmte Ohrenärztin, die zu Ohrenvorträgen und Ohrenkongressen auf der ganzen Welt eingeladen wurde, während der Prinz zu Hause für sie das Telefon abnahm und mit den Kindern die Hausaufgaben machte, und wäre nicht bekannt

gewesen, dass er früher einmal einen Drachen besiegt hatte, man hätte ihm eine solche Tat nicht zugetraut.

Viele Frauen aber, die ihren Mann kaum je zu Gesicht bekamen, weil er dauernd auf Schlachtfeldern, Kreuzzügen oder Drachenjagden war, beneideten die Prinzessin um ihren Mann und sagten von ihm, das wäre eigentlich ihr Traumprinz.

DAS WUNDER IM SCHLACHTHOF

Der Schlachthofangestellte Willi hatte einmal ein sonderbares Erlebnis, und zwar beim Hühnerschlachten.

»Halt!«, rief ihm ein Huhn zu, das an den Füßen aufgehängt auf der Rollschiene dahergeschoben wurde, »bring mich nicht um, ich bin eine verzauberte Prinzessin!«

»In Ordnung«, sagte Willi, hängte das Huhn aus und legte es hinter sich auf den Boden.

»He, was ist mit diesem Huhn?«, fragte der Schlachthofmeister, der wenig später vorbeiging.

»Ich muss es leben lassen, es ist eine verzauberte Prinzessin«, sagte Willi.

»Raus!«, schrie der Meister, »und zwar sofort!«

Da steckte Willi das Huhn in seine Mappe und ging nach Hause. Dort nahm er es heraus und fragte es, was er tun müsse, damit er es erlösen könne.

»Es genügt, dass du mich gefragt hast«, sagte das Huhn und stand als wunderhübsche Prinzessin in seiner Küche.

Sie heirateten sofort und kauften mit dem Geld der Prinzessin den Schlachthof, und als Erstes entließen sie den blöden Schlachthofmeister, der gesagt hatte: »He, was ist mit diesem Huhn?«

Dann machten sie aus dem Schlachthof ein Hühnerparadies, in dem die Hühner auf Teppichböden herumscharren und ins Kino gehen konnten und ihre Eier auf Polstersessel legten, und es waren die besten Eier weit und breit.

Wenn Willi mit seinem Futter zu den Hühnern ging, packte er manchmal eins und schaute ihm in die Augen, aber die Hühner gackerten nur dumm und verstört, und sooft Willi es auch versuchte, es war nie wieder eine verzauberte Prinzessin darunter.

DAS HUHN AUF DER FUNKAUSSTELLUNG

Ein Huhn wollte schon lange zur Funkausstellung, weil es sich für Technik interessierte. Seine große Leidenschaft waren Fernbedienungsgeräte. »Du pickst mit dem Schnabel drauf, und schon hast du die Welt im Hühnerhof«, pflegte es zu sagen. Die andern Hühner lachten es aus, aber als es im Taschenradio seines Meisters hörte, die diesjährige Funkausstellung sei eröffnet, beschloss es hinzugehen, flatterte über den Maschenzaun und machte sich auf den Weg.

Es fuhr mit der S-Bahn zum Messegelände. Dort folgte es einfach den Menschenmassen, und schon war es in der Funkausstellung, die es im Schatten einer Schulklasse unbemerkt betrat. Was gab es da nicht alles zu sehen! Nachrichtensatelliten waren hier ebenso ausgestellt wie Radios, Videorekorder, Fernseher und Lautsprecher. Überall standen Musiker oder Sängerinnen mit einem Mikrofon in der Hand, und was sie spielten, wurde auf Bildschirmen übertragen, die zum Teil so groß waren wie ein Hühnerstall. Beeindruckt lief das Huhn durch alle Hallen, ging Treppen hoch und hinunter und guckte sich überall um, aber soviel es sich auch umschaute, nirgends sah es ein Fernbedienungsgerät.

Dafür merkte es plötzlich, dass es unbedingt etwas Bestimmtes tun musste. Zuerst versuchte das Huhn, es noch eine Weile zurückzuhalten, dann konnte es plötzlich nicht mehr anders, rannte in eine Nische, wo ein paar Tische standen, versteckte sich unter einem der Tische und legte ein Ei.

An den Tischen aber fand gerade eine Fernsehdiskussion statt, in der sich verschiedene Männer und Frauen darüber unterhielten, ob Funk und Fernsehen noch eine Zukunft hätten, und wenn ja, welche. Als der Moderator sah, was passiert war, nahm er das Ei und sagte: »Schaut mal, da hat ein Huhn ein Ei gelegt!« Die Leute konnten das fast nicht glauben. Das Huhn aber dachte: »So eine Gelegenheit kommt nicht wieder!«, und hüpfte stolz auf den Tisch, um sich zu zeigen.

Es gab einen großen Auflauf. Sofort waren die Fotografen da, und es wollten so viele Menschen das Huhn sehen, dass die Fernsehdiskussion abgebrochen werden musste. An diesem Tag sprachen die Leute auf der Funkausstellung nicht mehr vom neuen Breitformatfernsehen oder von Handys, auf die man Filme laden konnte, sondern einzig und allein davon, dass ein Huhn ein Ei gelegt hatte.

»Seht ihr«, sagte das Huhn am nächsten Morgen zu den andern Hühnern, als es die Bilder von sich und seinem Ei in der Zeitung sah, »wenn die Welt nicht in den Hühnerhof kommt, muss eben der Hühnerhof in die Welt.«

Danach pickte es mit dem Schnabel auf das Fernbedienungsgerät, das es geschenkt bekommen hatte, und zur Musik, die jetzt durch den ganzen Hühnerhof dröhnte, tanzten alle Hühner fröhlich gackernd Rock 'n' Roll.

DAS MARZIPANSCHWEIN

In einer Konditorei war um das Jahresende herum ein Marzipanschwein ausgestellt. Einmal sah es durch das Schaufenster, wie auf einem Lastwagen richtige Schweine vorbeifuhren.

»Die werden geschlachtet«, sagte eine Rübentorte, »und dann isst man sie auf.«

Da atmete das Marzipanschwein ganz tief.

»Zum Glück«, dachte es, »blüht mir kein solches Los.«

Und es stellte sich vor, wie es noch lange in diesem Fenster stehen und alles beobachten würde, was auf der Straße vorging, und wie sich vielleicht einmal ein zweites Marzipanschwein zu ihm gesellen würde, und wie sie dann zusammen kleine Marzipanschweinchen haben würden, denen es alles erzählen würde, was es wüsste, und es freute sich ungemein auf ein langes und erfülltes Leben.

Bringst du es jetzt noch fertig, dieses Marzipanschwein zu essen?

SCHAFGESCHICHTE

Kennt ihr Herrn Beeli?

Er wohnt in der Stadt, geht jeden Morgen zur Arbeit in sein Büro, bleibt über Mittag dort und kommt am Abend wieder heim. Nicht?

Aber vielleicht kennt ihr das Haus, in dem er lebt. Die braunen Vorhänge gehören zu Herrn Beelis Wohnung.

Er hat keine Frau und keine Kinder.

Er hat Schafe.

Das sind seine liebsten Tiere. Wenn er nach Hause kommt, sitzen alle im Gang und warten auf ihn. Sie freuen sich sehr, wenn er heimkommt, denn für Herrn Beeli gibt es kein größeres Vergnügen, als mit seinen Schafen zu spielen. Herr Beeli tut wirklich alles, damit seine Schafe sich bei ihm wohlfühlen. Jeden Tag lässt er ihnen vom Land frisches Heu kommen.

Wenn er vom Büro nach Hause geht, kommt er durch den Stadtpark und pflückt meistens noch etwas besonders Gutes für seine Schafe.

Er hat auch ein Lieblingsschaf. Es heißt Sonja und bekommt immer die besten Bissen. Manchmal darf es mit ihm bis zum Büro kommen. Geduldig wartet es auf dem Parkplatz, bis Herr Beeli mit seiner Arbeit fertig ist.

Einmal darf es sogar mit Herrn Beeli auf eine Geschäftsreise.

Da werden die andern Schafe böse, weil sie daheim bleiben müssen. Zum Glück hat Herr Beeli vergessen, die Zimmer abzuschließen, und so können die Schafe überall hinein. Sie bestellen sofort die doppelte Portion Heu und hören den ganzen Tag Musik aus dem Radio.

Dann gehen sie hinter die Vorräte und machen sich ein herrliches Nachtessen. Nachher wird gebadet und geduscht, und zum Schluss legen sie sich alle im Schlafzimmer von Herrn Beeli zur Ruhe. Ist das eine Bescherung, als Herr Beeli am nächsten Tag mit Sonja nach Hause kommt! Aber er merkt, was er falsch gemacht hat. Von jetzt ab geht er nicht mehr mit Sonja ins Büro. Sondern mit allen.

Doch nicht allen Leuten gefallen Herrn Beelis Schafe.

Die Leute in der unteren Wohnung sind schwerhörig, aber sie schimpfen über den Gestank. Der Hausbesitzer schimpft, weil sie mit ihren Hufen alle Böden zerkratzen. Der Chef von Herrn Beeli schimpft, weil er statt mit dem Auto mit einem Rudel Schafe ins Büro kommt.

Alle verlangen von ihm, dass er seine Schafe verkauft.

Aber Herr Beeli denkt nicht daran.

Also kündigt ihm der Hausbesitzer seine Wohnung und der Chef seine Stelle im Büro, und Herr Beeli muss ausziehen. Er sucht eine neuen Wohnung, aber niemand will einen Herrn mit so viel Schafen.

Er sucht sich eine neue Stelle, aber niemand will einen Herrn, der mit Schafen zur Arbeit kommt. Darum wandert Herr Beeli in die Türkei aus und zieht dort mit seinen Schafen von einem Dorf zum andern, über Berg und Tal, von Hügel zu Hügel.

WER IST KÖNIG?

Vor dem Palast des Löwen erschien einmal ein Elefant.

»Was willst du?«, fragte die Hyäne, die den Palast bewachte.

»Ich will mit dem König kämpfen«, sagte der Elefant und schnaubte gewaltig.

»Moment«, sagte die Hyäne, »ich will es dem König melden.«

Sie ging in den Palast und erzählte dem König, wer draußen stand.

Der Löwe schaute durch das Guckloch hinaus. Der Elefant war groß und schwer und ging mit mächtigen Schritten auf und ab.

Da rief der König das Nashorn.

»Ich fühle mich nicht gut«, sagte er zum Nashorn, »kannst du mich heute vertreten?«

»Aber gern«, sagte das Nashorn, und der Löwe verschwand schnell durch den Hinterausgang.

Das Nashorn setzte sich die Königskrone auf sein Horn und hockte sich auf den Thron.

»Was gibt es denn heute zu essen?«, fragte es die Hyäne.

»Tja«, hüstelte die Hyäne, »zuerst die Arbeit, dann das Vergnügen. Draußen ist jemand, der will mit dem König kämpfen.«

Das Nashorn schaute durch das Guckloch hinaus. Der Elefant war groß und schwer und ging mit mächtigen Schritten auf und ab.

Da erschrak das Nashorn und rief den Gorilla.

»Ich fühle mich nicht gut«, sagte es zum Gorilla, »kannst du mich heute vertreten?«

»Aber gern«, sagte der Gorilla und setzte sich sogleich die Königskrone auf, während das Nashorn schnell durch den Hinterausgang verschwand.

»Was gibt es denn heute zu essen?«, fragte der Gorilla und schleckte sich schon die Finger ab, »vielleicht Bananenjoghurt?«

»Nun«, näselte die Hyäne, »zuerst die Arbeit, dann das Vergnügen. Draußen ist jemand, der will mit dem König kämpfen.«

Der Gorilla schaute durch das Guckloch hinaus. Der Elefant war groß und schwer und ging mit mächtigen Schritten auf und ab.

Da erschrak der Gorilla und rief das Krokodil.

»Ich fühle mich nicht gut«, sagte er zum Krokodil, »kannst du mich heute vertreten?«

»Aber gern«, sagte das Krokodil, ließ sich vom Gorilla die Krone aufsetzen und legte sich vor dem Thron der Länge nach hin.

»Wen kann ich denn heute essen?«, fragte es, während der Gorilla schnell durch den Hinterausgang verschwand.

Die Hyäne sagte wieder ihr Sprüchlein von der Arbeit und dann dem Vergnügen und dass da draußen jemand warte.

Das Krokodil schaute durch das Guckloch hinaus, und der Elefant war immer noch groß und schwer und ging mit mächtigen Schritten auf und ab.

Das Krokodil erschrak und rief das Dromedar, aber auch das Dromedar erschrak, als es merkte, warum es den König vertreten sollte, und rief das Schwein. Inzwischen hatte es sich unter den Tieren herumgesprochen, dass, wer den Königsthron besteige, schon so gut wie tot sei, und das Schwein watschelte schon ganz verzweifelt am Hinterausgang hin und her, weil weit und breit kein Tier mehr zu sehen war, das es rufen konnte. Auf einmal kroch die Maus aus einem Loch und stand neben dem Schwein.

»Ach«, jammerte dieses, »ich fühle mich nicht gut –«

»Ich weiß, ich weiß«, sagte die Maus, »alle fühlen sich so schlecht heute, das muss am Wetter liegen.«

»Könntest du mich also heute vertreten?«, fragte das Schwein mit bebender Stimme.

»Aber gern«, sagte die Maus. Während das Schwein, so schnell es konnte, durch den Hinterausgang verschwand, bat die Maus die Hyäne, die Krone auf den Königsthron zu setzen, kletterte flink hinauf und setzte sich auf den Zacken mit dem großen Rubin.

»Also«, sagte sie zur Hyäne, »lass den Gast hereinkommen.«

Aber die Hyäne war nun auch geflüchtet, denn der Elefant ging mit immer mächtigeren Schritten draußen auf und ab und schnaubte, dass die Mauern zitterten.

»Herein!«, krähte die Maus.

Groß und schwer kam der Elefant herein, trompetete zornig im Königssaal herum und rief: »Ich will mit dem König kämpfen!«

»Nur zu!«, piepste die Maus vom rubinroten Zacken der Krone herunter, »*ich* bin der König!«

Da wurde der Elefant noch wütender und stampfte so fest auf den Boden, dass der ganze Palast zusammenkrachte und den Elefanten unter sich begrub. Die Maus aber war schnell unter den schweren Thron geschlüpft und war mit dem Leben davongekommen.

Sofort kamen alle Tiere wieder zurück, umringten die Maus und gratulierten ihr zum Sieg in diesem ungleichen Kampf.

Der Löwe erhob salbungsvoll seine Pranke und sagte: »Ich als der König der Tiere möchte dir meinen besonderen Dank –«

»Halt!«, rief da die Maus. »*Ich* bin der König der Tiere! Und wer das nicht glaubt, dem wird es genauso gehen, wie es dem Elefanten ergangen ist.«

Da schluckten alle Tiere einmal leer, aber als sie auf die staubenden Trümmer des Palastes blickten, getrauten sie sich nicht, zu widersprechen, und fortan blieb die Maus die Königin der Tiere und regierte geschickt und schlau und fröhlich bis an ihr Ende.

Nach ihrem Tod allerdings übernahm der Löwe wieder die Regierung.

DER UNTERNEHMUNGSLUSTIGE PRINZ

»Heute will ich einmal in den Zoologischen Garten«, dachte der Prinz, als er sein Schloss verließ und zur Bushaltestelle hinunterging.

Dort standen zwei alte Frauen mit hohen Hüten, die ihn misstrauisch musterten.

»Es ist schon allerhand, wie sich die Jungen heutzutage anziehen«, sagte die eine zur andern, indem sie mit ihrem dicken Kinn auf das grüne Samtwams des Prinzen wies.

Da wurde der Prinz so wütend, dass er sein Schwert zog und beiden die Köpfe abschlug. Als der Bus hielt, lud der Prinz die zwei Frauen ein, setzte sie auf den hintersten Sitz und legte ihnen ihre Köpfe in den Schoß. Dann verlangte er dreimal Zoologischer Garten. Der Buschauffeur sagte ihm, er müsse das Billett am Automaten lösen, und fuhr ohne ihn weiter.

Der Prinz warf 2.50 ein, aber nichts passierte. Da er reich war, schlug er nicht auf den Automaten ein, wie das andere Leute in diesem Fall tun, sondern warf nochmals 2.50 ein. Als auch jetzt nichts geschah, dachte er, ich habe ja Zeit *und* Geld, und warf nochmals 2.50 ein.

In diesem Augenblick verwandelte sich der Billettautomat in eine wunderschöne Prinzessin, die ihn sogleich umarmte.

»Sieben Jahre war ich in einen Billettautomaten verzaubert, und jetzt hast du mich erlöst«, sagte sie, »willst du mich heiraten?«

»Ja«, sagte der Prinz, »ja, auf alle Fälle. Kommst du vorher noch in den Zoologischen Garten?«

Da die Prinzessin so lange am selben Ort gestanden hatte, war sie einverstanden, und zusammen stiegen sie in den nächsten Bus.

Zwei Stationen später stieg der Kontrolleur ein und wollte die Fahrkarten sehen.

»Ich habe dreimal 2.50 eingeworfen«, sagte der Prinz, »aber es ist nichts herausgekommen.«

»Das kann jeder sagen«, entgegnete der Kontrolleur.

»Ich kann es bezeugen«, sagte die Prinzessin, »ich war nämlich zu der Zeit noch der Billettautomat.«

»Und da wurden Sie wohl erlöst, wie?«, witzelte der Kontrolleur und schrieb eine Buße für 50 Franken.

In dem Moment wurde über Sprechfunk die Geschichte von den beiden geköpften Frauen durchgegeben, und sowohl der Kontrolleur als auch der Buschauffeur ergriffen sofort die Flucht.

Da setzte sich der Prinz selbst ans Steuer, fragte alle Leute im Bus, wo sie hinwollten, und fuhr sie bis vor die Haustüre. Als er dann die Richtung zum Zoologischen Garten einschlug, sah er vor sich eine Straßensperre der Polizei.

»Wenn sie mich erwischen, bekomme ich lebenslänglich«, sagte der Prinz zur Prinzessin.

»Dann lieber nochmals sieben Jahre«, sagte die Prinzessin und flüsterte ihm etwas ins Ohr.

Als die Polizei den Bus stürmte, war er leer. Dafür stand er direkt neben zwei Billettautomaten, der eine für normale Billette, der andere für Abonnemente, und hier ist meine Geschichte zu Ende.

Ach, was mit den beiden Frauen noch war? Nichts weiter. Die waren tot und wurden nicht wieder lebendig.

Manchmal genügt eben eine blöde Bemerkung, und man ist erledigt.

DIE HIMMELSMACHT

Ein Hochdruckgebiet verliebte sich einmal in ein Tiefdruckgebiet. Das Hochdruckgebiet hieß Eugen und lag über den Azoren, das Tiefdruckgebiet hieß Johanna und lag über dem Golf von Biskaya.

Das Hochdruckgebiet Eugen sah von Weitem die wunderbar weichen Wolkenformen des Tiefdruckgebiets Johanna und ließ ihm durch eine Möwe die Nachricht überbringen, er oder es liebe sie oder es und möchte sich mit ihm oder ihr vermählen. Das Tiefdruckgebiet schickte die Möwe mit der Antwort zurück, das schicke sich nicht, und Eugen solle sich mit seinesgleichen vergnügen. Heimlich freute sich Johanna zwar über den ungewöhnlichen Antrag, doch vorsichtshalber entfernte sie sich gegen die Schweizer Alpen.

Eugen aber wurde, als er die Botschaft erhielt, von einem Gefühl durchdrungen, wie er es noch nie gekannt hatte. Verzweiflung wechselte mit hitzigstem Verlangen, er spürte einen Druck, der ihn, ob er es wollte oder nicht, mit allerhöchster Geschwindigkeit nach Osten trieb, dem Tiefdruckgebiet Johanna hinterher, das mit aufreizender Langsamkeit in Richtung Alpen tänzelte.

Über dem Berner Oberland schließlich hatte Eugen Johanna eingeholt und gestand ihr mit sonniger Miene seine Liebe, wor-

über Johanna von Schauern geschüttelt wurde und ihm dann doch ihr Jawort gab.

Den Tag, als das Hochdruckgebiet Eugen das Tiefdruckgebiet Johanna umarmte, wird man im Berner Oberland nicht so schnell vergessen. Gewitter wechselten sich in Minutenschnelle mit strahlendstem Sonnenschein ab, die Bauern flüchteten mit ihren Heuwendern in die Scheunen, um sie gleich danach wieder hervorzuholen, es war ein Donnern und Blitzen in der Luft, Wolkenvorhänge wurden schlagartig aufgerissen, und bei stahlblauem Himmel fegten Sturmböen über die Alpenkämme ins Tal hinunter, die eine Gluthitze über die Felder streuten, welche gleich danach von Hagelkörnern abgekühlt wurden, die die abgemähten Wiesen zum Dampfen brachten.

Die ganze Nacht ging es so weiter, und vielen Menschen war es unheimlich, weil etwas wie ein Jauchzen und Jubeln und Ächzen und Stöhnen über die Berghänge herunterklang, und sie erzählten sich die Geschichten von der glühenden Magd und von der wilden Jagd. Am Morgen aber war alles ruhig, und die Druckverteilung blieb tagelang flach.

Vom Hochdruckgebiet Eugen und vom Tiefdruckgebiet Johanna hat man nie wieder etwas gehört. Es scheint, dass sie diese Nacht nicht überlebt haben, denn zwei wie sie gehören nun einmal nicht zusammen. Trotzdem denke ich mir, für die beiden habe es sich gelohnt, und es sei ein ungleich schöneres Ende, als sich irgendwo über dem Ural sang- und klanglos aufzulösen.

DAS ZWERGLEIN
UND DIE AUTOBAHN

Ein Zwerglein lebte friedlich an einem Waldrand unter einer großen Tannenwurzel, sammelte Haselnüsse, Beeren und Eicheln, kochte sich feine Kräutersüppchen und half manchmal über Nacht den Bauern beim Kirschenpflücken.

Eines Morgens fuhr es erschrocken von seinem Heulager auf, denn seine Töpflein und Tässchen zitterten, und draußen war ein Dröhnen und Krachen, als ginge die Welt unter.

Als es unter seiner Tannenwurzel hervorguckte, sah es Bagger, Lastwagen, Dampfwalzen und Raupenfahrzeuge, die damit begannen, direkt vor seiner Haustüre eine Autobahn zu bauen.

Da nahm das Zwerglein seine ganze geistige Kraft zusammen und stieß eine grässliche Verwünschung über den Bautrupp aus.

Aber das Einzige, was passierte, war, dass eine Baggerschaufel abbrach, und sofort wurde eine neue montiert, die mit demselben Tempo Wiesenstücke auf einen Lastwagen lud.

Als das Zwerglein sah, dass es keine Chance hatte, packte es seinen Haushalt in ein Rucksäcklein, sagte der Tannenwurzel ade, verschwand im Wald und ward nicht mehr gesehen.

DIE RIESEN IM PARKHAUS

Drei Riesen gingen einmal in ein Parkhaus.
»Ich gehe ins Parterre«, sagte der erste.
»Ich in den ersten Stock«, sagte der zweite.
»Ich in den zweiten«, sagte der dritte.
Dann nahm jeder eine schwere Eisenstange, ging in seinen Stock und zertrümmerte alle Autos, die dort abgestellt waren.
Nachher trafen sie sich am Ausgang, gingen zusammen fort und kamen nie wieder.

DIE ZWÖLFTE PILLE

Seit Wochen war die Prinzessin krank.
Sie lag mit hohem Fieber im Bett, und weder Aspirin noch Essigsocken nützten etwas. Die Ärzte kratzten sich in den Haaren, der König und die Königin gingen seufzend durchs Schloss. Da kam eine gute Fee und brachte der Prinzessin ein Schächtelchen mit zwölf Pillen.

»Wenn du jeden Tag eine davon nimmst, bist du in elf Tagen wieder gesund«, sagte die Fee. »Hüte dich aber, die zwölfte Pille zu schlucken, es würde dir Unglück bringen.«

Die Prinzessin nahm jeden Tag eine Pille, und jeden Tag ging das Fieber etwas zurück. Nach zehn Tagen hatte sie nur noch 37,1, und nach der elften Pille war die Prinzessin wieder gesund.

Als sie am nächsten Tag das Schächtelchen wegwerfen wollte, klapperte die letzte Pille so fröhlich darin herum, dass die Prinzessin plötzlich eine unerklärliche Lust verspürte, diese auch noch einzunehmen.

»Ach was«, dachte sie, »die Fee ist ja schon lang nicht mehr da«, und hoppla schluckte sie die zwölfte Pille hinunter.

Da verdunkelte sich der Himmel über dem Schloss, im ganzen Königreich stürzten die Kirchenglocken von den Türmen, die Schafe fielen tot um, und die U-Bahnen sprangen aus ihren Ge-

leisen. Dann sank das ganze Land in einen tiefen Schlaf, der elf Jahre dauerte.

Im zwölften Jahr kam ein Prinz aus dem Nachbarland, der die Verkehrsprobleme des Königreichs studieren wollte. Er schlug sich mit dem Schwert einen Zugang durch die Dornen zur U-Bahn-Station, küsste einen umgestürzten Wagen, und sogleich sprangen die Züge wieder in die Schienen, die Schafe standen auf und weideten weiter, die Glocken flogen wieder in die Kirchtürme und begannen zu läuten, und die Prinzessin rieb sich erstaunt die Augen und fragte: »Ist es schon Morgen?«

Leider war der Prinz schon verheiratet, und es kam nicht zur erwarteten Hochzeit. Die Prinzessin aber machte ein Studium als Apothekerin und übernahm später die Schloss-Apotheke. Sie war begeistert von ihrem Beruf und genoss das Vertrauen der Kundschaft und der Krankenkassen. Das Einzige, was ihr etwas Mühe bereitete, war das Entfernen der letzten Pille aus den Zwölferpackungen. Aber das machte sie immer selbst, unter allen Umständen.

EIN UNGLEICHER KAMPF

Ein Fußpilz hatte sich gerade gemütlich auf einem Fuß eingerichtet, als er von einem Spray bespritzt wurde.
»Was soll das?«, rief der Fußpilz erschrocken.
»Verschwinde!«, zischte der Spray, »du hast auf diesem Fuß nichts zu suchen!«, und sprühte ihn gleich nochmals ein.
»Das ist eine Gemeinheit!«, rief der Fußpilz hustend, »hier habe ich mein täglich Brot!«
»Schmarotzer!«, pfiff der Spray höhnisch, »sich an fremden Füßen vollfressen, ohne eigene Leistung, das könnte dir so passen. Hau ab, oder ich komme morgen wieder!«, und er stieß zum dritten Mal eine Wolke aus.
»Mörder!«, ächzte der Fußpilz, der nun völlig eingenebelt war, »habe ich denn kein Recht auf Leben?«
»Nein, du nicht!«, gab der Spray zurück, »wenn du morgen noch da bist, bist du tot!«

»Warte nur«, keuchte der Fußpilz, »du wirst auch bald verboten mit deinem Treibgas!«

»Aber erst in zwei Jahren«, lachte der Spray, »und bis dann gibt's wieder etwas Neues!«

»Gerechtigkeit!«, röchelte der Fußpilz, der schon spürte, wie es ihm die Poren zusammenzog, »Gerechtigkeit … und zwar jetzt!« Doch da war nichts zu machen. Bis in zwei Jahren war es noch weit, und so musste er sein Leben lassen – aber ehrlich, habt *ihr* gern einen Fußpilz zwischen euren Zehen?

WIE DIE RINDE RECHT BEKAM

An einem alten wilden Kirschbaum hing schon lange ein Stück Baumrinde herunter und baumelte hin und her, wenn der Wind ging.

»So«, sagte der Stamm, als die Rinde nur noch an einem ganz dünnen Streifen hing, »morgen fällst du hinunter.«

»Ich bleibe länger oben als du«, sagte die Rinde.

»Haha!«, lachte der Stamm, »das glaubst du ja selber nicht!«

»Was wollen wir wetten?«, fragte die Rinde.

»Ein Bier«, sagte der Stamm.

»Abgemacht«, sagte die Rinde.

Am andern Tag kamen die Holzfäller und sägten den alten wilden Kirschbaum um. Als er zu Boden stürzte, streifte er die Äste einer Birke, und das Stück Rinde blieb daran hängen.

»Na«, rief die Rinde von oben, »wer hat jetzt recht behalten?«

Die Gäste des Restaurants »Zur Säge« staunten nicht schlecht, als am nächsten Tag ein Baumstamm die Gaststube betrat, zwei Bier verlangte, bezahlte und damit davonging.

»Das habe ich noch nie gesehen«, sagte ein Mann, der einen Kaffee trank, zum Wirt.

»Ich auch nicht«, meinte der, »sonst trinken sie ihr Bier immer hier. Am Stammtisch.«

Der Baumstamm aber, als er wieder im Wald war, prostete der

Rinde fröhlich zu und trank dann beide Biergläser alleine aus, denn sosehr die Rinde auch zappelte, sie blieb in ihrer Birke oben hängen.

So hat sie nie erfahren, wie ein Bier schmeckt, aber recht gehabt hat sie, das muss man ihr lassen.

WIE VIEL BÄUME
BRAUCHT DER MENSCH?

Eigenartig erging es dem schottischen Tangsammler Mac-Cracken aus Thurso. Er hatte sein Leben lang nichts anderes gemacht als am Meeresstrand Seetang gesammelt, den er einer Schweinemästerei verkaufte, und sein Leben lang war er nicht aus seinem Dorf an der Nordküste Schottlands herausgekommen.
Und nun gewann er plötzlich eine Weltreise. Einen Wettbewerb hatte er mitgemacht, irgendeinen Rasierklingenwettbewerb, bei dem er einen neuen Pinsel zu gewinnen hoffte. Aber der erste Preis war eine Weltreise, und MacCracken war der Gewinner. Ein Rasierpinsel wäre ihm zwar lieber gewesen, aber was tut's, er zog seinen besten Schottenrock an und machte sich eben auf die Reise. Der Dorfbäcker spielte zum Abschied ein Stück auf dem Dudelsack, MacCracken drückte verschiedene Hände, lachte ein bisschen und stieg dann in das Postschiff, das ihn abholte.
Zunächst langweilte er sich ziemlich, weil er nichts sah als das Meer, und das kannte er ja schon. Dann ärgerte er sich einige Male, als er riesige Tangbüschel vorbeitreiben sah und sie nicht einsammeln konnte. Später schlief er dann, bis man ihn gegen Mitternacht weckte, weil das Schiff in Edinburgh angekommen war. Flugs fuhr man ihn dort zum Flughafen, wo er das Nacht-

flugzeug nach Zürich besteigen musste. Diese Fliegerei, von der er schon viel gehört hatte, ließ ihn auch recht gleichgültig. Die paar Lichtlein, die weit unten zu sehen waren, fand er nicht der Rede wert. Er war jedenfalls froh, als er in nächtlicher Morgenfrühe in Zürich landete und ins Hotel gebracht wurde. Dort frühstückte er ausgiebig und freute sich zum ersten Mal, weil er noch nie so gut gegessen hatte, man denke sich, Speck und Spiegeleier schon am Morgen! Der Kellner sagte auf Englisch, das sei eben englisch, aber MacCracken war ja Schotte. Dann ging er in sein Zimmer, setzte sich auf den Bettrand und federte etwas auf und ab. Danach stand er auf und ging ans Fenster.

Und da geschah es.

Zum ersten Mal in seinem Leben sah MacCracken einen Baum. Sofort wusste er, dass jenes schlanke Gewächs mit dem schwarz-weiß gemusterten Stamm ein Baum sein musste. Die Blätter schimmerten matt und wurden vom weichen Wind ganz leicht bewegt – für den Sohn der baumlosen Küstengegend ein paradiesischer Anblick.

Den ganzen Vormittag lang staunte MacCracken auf die Birke im kleinen Hintergarten des Hotels hinunter. Am Nachmittag legte er sich schlafen, und am Abend war sein Entschluss gefasst. Zwei Stunden nach dem Eindunkeln ging er in den Garten und grub den Baum aus. Er schulterte ihn und ging dann mit langen Schritten davon, nach Schottland.

Es war zwar nicht so einfach, sich immer zurechtzufinden, und MacCracken machte allerhand Erfahrungen. Schon bald fiel ihm ein gewisser verwunderter Gesichtszug der Leute auf, denen er begegnete, offenbar eine Besonderheit der Ausländer. Die Verwunderung konnte sogar in Unfreundlichkeit umschlagen, etwa wenn er zur Mittagszeit einen Bus bestieg mit seinem Baum. Zweimal am Tag tunkte MacCracken den Wurzelstock in einen Brunnen oder hielt ihn in einen Fluss, wodurch der Baum immer schön frisch blieb, ja sogar noch weiterwuchs. Nachts schmiegte er sich an seinen Stamm und deckte sich mit einigen Zweigen zu. Die Richtung war leicht zu finden, er fragte einfach immer nach Schottland.

Eines dünkte ihn seltsam auf seiner Reise: die Bäume. Er hatte nicht gedacht, dass es so viel davon gebe, und war der Meinung gewesen, seiner sei besonders selten, wenn nicht einmalig. Schon auf dem Weg nach Baden hatte es ihn befremdet, weitere Bäume anzutreffen. Die Jurawälder hatten ihn fast etwas missmutig gestimmt, und im Birkenhain von Moorschwampf im Elsass war er erstmals richtig enttäuscht. Dann aber dachte er an die öden Grassteppen von Thurso und buckelte den Baum mit neuer Kraft nach Norden.

Den Ärmelkanal überquerte er im Boot eines französischen Tangsammlers, musste aber, da dieser in England nicht landen durfte, die letzten drei Kilometer schwimmen, den Baum zwischen den Zähnen.

Von da an fühlte er sich immer mehr zu Hause und freute sich richtig auf seine Heimkehr. Sein Glaube, eine Seltenheit nach Hause zu bringen, war zwar nach weiteren drei Wochen endgültig verwelkt, aber darauf kam es ihm gar nicht mehr so sehr an.

Elf Kilometer südlich von Thurso sichtete MacCracken den letzten Baum auf seinem Weg, eine Birke, und marschierte gelassen an ihr vorbei. Es war Nacht, als er zu Hause ankam, und das Erste,

was er tat, war, dass er seinen Baum im Schein eines Windlichts an der geborgensten Seite seines Hauses einpflanzte. Am nächsten Morgen ging er wieder ans Meer hinunter und sammelte seinen Tang. Allen, die ihn über seine Weltreise befragten, sagte er nur: »It was very fine«, und kein Wort mehr. Es sei, heißt das, sehr schön gewesen.

So war das also. Die Leute in Thurso wissen nunmehr, dass es sowohl in Stockholm als auch in Nairobi und Hongkong very fine ist, und an der Hinterwand von MacCrackens Häuschen wächst eine Birke gesund und windgeschützt in die Höhe, die nördlichste Birke von ganz Schottland.

Das ist einer der wenigen Fälle, die ich kenne, in denen unrecht Gut gedeiht.

VOM STEIN,
DER SICH KRATZEN WOLLTE

Hoch über einem Bergdorf lag an einem Abhang ein großer Stein. Je länger er dort lag, desto mehr wurde er von Moos und Flechten überzogen, und je mehr er von Moos und Flechten überzogen wurde, desto stärker begann es ihn zu jucken. Besonders schlimm wurde es, wenn ihm der Wind auch noch dürre Tannennadeln auf seinen breiten Rücken wehte. Er war richtig froh, wenn sich einmal eine Amsel auf ihn setzte und mit dem Schnabel in seinem Moos herumzupicken begann, dann brummte er leise vor Erleichterung.

Aber auf die Dauer war ihm das zu wenig, und eines Tages, als ihm auch noch ein kleiner Tannenzapfen in die Flechten gefallen war und ihn mit seinen Schuppen ganz leicht berührte, juckte es ihn so unerträglich, dass er alle seine Kraft zusammennahm, sich auf den Rücken kehrte und sich mit wohligem Stöhnen auf dem Boden wälzte. Dabei verlor er das Gleichgewicht, kollerte den Abhang hinunter und fiel ausgerechnet auf das Dorfschulhaus. Mit lautem Krachen durchschlug er das Dach und fiel genau auf den Tageslichtprojektor, mit dem die Lehrerin gerade die Eiszeiten erklärte. Zum Glück wurde niemand verletzt, obwohl der Projektor in tausend Stücke zersplitterte. Der Stein wurde nachher von den

Männern des Dorfes auf den Pausenplatz getragen, und weil sich in jeder Pause ein Schulkind auf ihn setzt, juckt es ihn seither nicht mehr, sondern er liegt zufrieden da und freut sich fast so sehr auf die Pausen wie die Kinder.

DAS ZAUBERSCHÄCHTELCHEN

Da ging also, vor langer Zeit, ein junger Mann auf die Jagd, denn seine Mutter und seine beiden Schwestern hatten nichts mehr zu essen, und er auch nicht.

Als er mit seinem Pfeilbogen stundenlang durch die Wälder gestreift war, ohne dass ihm ein Tier begegnete, kam er zu einem großen Moor. In der Mitte dieses Moores sah er einen Menschen, der auf und ab sprang, auf irgendetwas einschlug dazu, und er hörte seltsame Schreie. Vorsichtig ging er näher und sah, dass der Mensch mit einem Knüppel eine Moorkatze zu erschlagen versuchte.

»Hilf mir«, rief der Mensch dem Jäger zu, »dieses gemeine Vieh hat mich gebissen!«

»Nein, hilf *mir*«, rief die Moorkatze, »dieser Mensch will mich töten!«

Das war eine schwierige Lage für den jungen Mann, denn schließlich kannte er die beiden nicht. Als Jäger hätte er eigentlich dem Menschen helfen müssen, aber da er noch nie ein Tier sprechen gehört hatte, dachte er, das müsse eine ganz besondere Katze sein, und er entschied sich, ihr zu helfen.

»Hau ab!«, rief er dem Menschen mit dem Knüppel zu, »oder ich erschieße dich.« Und er richtete seinen Pfeilbogen so genau auf ihn, dass der Knüppelmensch sofort von der Moorkatze abließ und sich brummend davonmachte und in den Wäldern verschwand.

Die Moorkatze bedankte sich aufs Artigste beim jungen Jäger und bat ihn, mit in ihre Höhle zu kommen. Dort kochte sie ihm zuerst eine wunderbare Moorkräutersuppe, damit er seinen Hunger stillen konnte, und da es inzwischen Abend geworden war, lud sie ihn auch ein, in ihrer Höhle zu übernachten. Am anderen Morgen schenkte sie ihm zum Abschied ein kleines Schächtelchen mit einem goldenen Knopf und sagte ihm, wenn er dieses Schächtelchen öffne, werde ihm ein Wunsch erfüllt.

Der junge Jäger dankte der Moorkatze und machte sich auf den Heimweg. Nachdem er eine Weile durch den Wald gegangen war, ohne irgendein Tier anzutreffen, nahm er das Zauberschächtelchen aus der Tasche und öffnete den Deckel mit dem goldenen Knopf.

Sofort fragte ein dünnes Stimmchen: »Was willst du?«

»Schick mir doch bitte einen Hirsch«, sagte der junge Jäger.

»Ooooh«, hauchte das dünne Stimmchen, »das ist zu schwer für mich, da musst du eine größere Schachtel fragen.«

»Aha«, sagte der junge Jäger etwas erstaunt und steckte das Schächtelchen wieder ein. Dann ging er weiter, und nach einer Weile gelang es ihm, wenigstens ein Eichhörnchen zu schießen. Als er an die Stunden dachte, die er noch brauchte, um nach Hause zu kommen, wurde er plötzlich müde und nahm nochmals sein Zauberschächtelchen hervor.

Er öffnete den Deckel mit dem goldenen Knopf, und sogleich fragte ihn das dünne Stimmchen: »Was willst du?«

»Ich möchte jetzt gleich zu Hause sein«, sagte der junge Jäger.

»Ooooh«, antwortete das dünne Stimmchen, »das ist zu schwer für mich, da musst du eine größere Schachtel fragen.«

»Ich habe keine größere Schachtel«, sagte der junge Mann leicht verärgert, »kannst du mich nicht wenigstens den halben Weg hinbringen?«

»Ooooh«, hauchte das dünne Stimmchen, »es tut mir leid, aber du bist zu schwer für mich. Ich kann dich keinen Schritt weit tragen.«

Seufzend machte der junge Mann den Deckel mit dem goldenen Knopf wieder zu und legte eben den ganzen Heimweg zu Fuß zurück.

Seine Mutter und seine Schwestern erwarteten ihn voll Ungeduld und waren sehr enttäuscht, als er nur ein Eichhörnchen mitbrachte. »Gerade sind uns die Kartoffeln ausgegangen«, klagte die Mutter, »jetzt gibt es halt nichts als ein bisschen Eichhörnchenfleisch.«

Da ging der junge Jäger hinters Haus und öffnete sein Schächtelchen, und schon meldete sich das dünne Stimmchen und fragte: »Was willst du?«

»Ich hätte gern ein paar Kartoffeln«, sagte der Jäger, »das sollte doch zu machen sein.«

»Ooooh«, antwortete das dünne Stimmchen, »das ist zu schwer für mich, da musst du –«

Aber der Jäger hatte den Deckel schon zugeklappt und ging gar nicht mehr ins Haus zurück.

Wieder marschierte er Stunden und Stunden, bis er gegen Abend aus einer großen Waldlichtung ein Stimmengewirr und Waldhornklänge hörte. Zugleich stiegen Düfte von gebratenem Fleisch in seine Nase.

Als er näher ging, sah er, dass sich eine königliche Jagdgesellschaft um ein großes Feuer lagerte, auf welchem ein Hirsch gebraten wurde. Soeben schnitt der Koch das erste Stück ab und legte es dem König auf einen silbernen Teller. Der König kostete davon und fragte den Koch: »Wo ist das Salz?«

Erschrocken suchte der Koch seine ganze tragbare Küche durch, aber er konnte suchen, so viel er wollte, er hatte das Salz vergessen. Dabei wusste er genau, wie sehr der König ungesalzenes Fleisch hasste. »Majestät«, hüstelte er verlegen, »es tut mir leid, aber das Salz muss unterwegs aus dem Gepäck gefallen sein.«

»Nein!«, schrie der König, »das ist ja nicht auszuhalten! Hat niemand etwas Salz dabei?«

Alle suchten hastig in ihren Taschen, aber wer hat schon Salz in seiner Tasche, einfach so?

»Salz! Salz! Mein Königreich für etwas Salz!«, rief der König laut.

Da nahm der Jäger, der am Rande der Lichtung stand, sein Schächtelchen hervor, öffnete den Deckel mit dem goldenen Knopf, und sogleich fragte das dünne Stimmchen: »Was willst du?«

»Etwas Salz«, sagte der Jäger, »nur etwas Salz. Kannst du wenigstens so viel?«

»Aaaah!«, jubelte das dünne Stimmchen, »endlich etwas, das ich kann!«, und sofort war das ganze Schächtelchen mit reinem, weißem Salz gefüllt.

Nun trat der Jäger vor und bot dem König und der ganzen Gesellschaft sein Salz an, und alle waren begeistert und sagten übereinstimmend, so gutes Salz hätten sie noch nie gehabt. Den Jäger luden sie ein, mit ihnen den gebratenen Hirsch zu essen.

Als sie fertig gespeist hatten, fragte der junge Jäger, wie denn das nun sei mit dem Königreich.

»Gib's ihm, Papi!«, bettelte die Prinzessin, die sich schon in den schlanken Burschen verliebt hatte, und da der König alt und des Regierens überdrüssig war, übergab er noch am selben Abend sein Königreich dem neuen Schwiegersohn, um sich fortan ganz der Jagd zu widmen.

Der Jäger heiratete bald darauf die Prinzessin, sie wurden ein glückliches Paar, und der neue König versuchte noch einige Male in schwierigen Lagen, von seinem Zauberschächtelchen eine Hilfe zu bekommen, aber was immer er verlangte, das dünne Stimmchen hauchte: »Ooooh, das ist zu schwer für mich.«

Trotzdem bekam es einen Ehrenplatz im Kronschatz, denn einmal ein Königreich ist schließlich genug für so ein Schächtelchen, oder?

DIE SCHÖPFUNG

Am Anfang war nichts außer Gott.

Eines Tages bekam er eine Gemüsekiste voller Erbsen.

Er fragte sich, woher sie kommen könnte, denn er kannte niemanden außer sich.

Er traute der Sache nicht ganz und ließ die Kiste einfach stehen oder eher schweben.

Nach sieben Tagen zerplatzten die Hülsen, und die Erbsenkugeln schossen mit großer Gewalt ins Nichts hinaus.

Oft blieben dieselben Erbsen, die in einer Hülse gewesen waren, zusammen und umkreisten sich gegenseitig.

Sie begannen zu wachsen und zu leuchten, und so wurde aus dem Nichts das Weltall.

Gott wunderte sich sehr darüber. Auf einer der Erbsen entwickelten sich später alle möglichen Lebewesen, darunter auch Menschen, die ihn kannten. Sie schrieben ihm die Erschaffung des Weltalls zu und verehrten ihn dafür.

Gott wehrte sich nicht dagegen, aber er grübelt bis heute darüber nach, wer zum Teufel ihm die Kiste mit den Erbsen geschickt haben könnte.

EINE ZWEITE

Die Welt könnte allerdings auch anders entstanden sein, nämlich so:

Am Anfang war alles dunkel.
Wie lange das dauerte, ist schwer zu sagen, da es noch keine Zeit gab.
Irgendeinmal aber trat eine Dämmerung ein, und eine mächtige Türe war zu sehen.
Wie lange stand diese Türe da? Tausende, Hunderttausende, Millionen von Jahren? Es war niemand da, um auf den Kalender zu schauen.
Dann aber ging ein Knarren durch die Leere, die Türe öffnete sich langsam, und ein großer schwarzer Vogel streckte seinen Kopf heraus. Er sperrte seinen Schnabel auf und krächzte laut, da wurde es ringsum hell, und hinter der Türe regte sich Leben – Sterne, Wolken, Tiere, Pflanzen, später auch Menschen.
Der große schwarze Vogel flog davon und ließ die Türe offen.
Niemand weiß, wann er zurückkommt, um sie zu schließen.

UND NOCH EINE

Am Anfang war nichts außer zwei Bergdohlen, die in der Finsternis herumflatterten.
Sie liebten einander sehr und wollten sich ein Geschenk machen.
Aber was sollten sie sich schenken, da es doch nichts gab?
Sie beschlossen, sich zu trennen und erst wiederzukommen, wenn sie ein Geschenk füreinander hatten.
Weit weg waren sie gewesen, als sie wieder zurückkamen.
Die eine Bergdohle hatte ein Kieselsteinchen im Mund und die andere einen Lichtstrahl, und das schenkten sie nun einander.
Kaum traf der Lichtstrahl auf den Kieselstein, begann dieser zu leuchten und wurde so groß, dass sich die beiden Dohlen daraufsetzen konnten.
Bisher waren sie immer nur geflogen, es war das erste Mal, dass sie sich irgendwohin setzten. Nun merkten sie erst, wie müde sie waren von all dem Herumfliegen im Nichts.
Sie sagten einander noch einmal, wie sehr sie sich liebten, dann starben sie.
Der Kieselstein aber wuchs und wuchs und wurde der erste Stern, und aus ihm entstanden später alle anderen Sterne.
So war das. Vielleicht.
Vielleicht war es aber auch so, wie es in der Bibel steht, oder ganz anders. Oder was denkt ihr?

WEIHNACHTEN – WIE ES WIRKLICH WAR

War es so?

Maria kam gelaufen
Josef kam geritten
Das Jesuskindlein war glücklich
Der Ochse erglänzte
Der Esel jubelte
Der Stern schnaufte
Die himmlischen Heerscharen lagen in der Krippe
Die Hirten wackelten mit den Ohren
Die Heiligen Drei Könige beteten
Alle standen daneben

Oder so?

Maria lag in der Krippe
Josef erglänzte
Das Jesuskindlein kam gelaufen
Der Ochse war glücklich
Der Esel stand daneben

Der Stern jubelte
Die himmlischen Heerscharen kamen geritten
Die Hirten schnauften
Die Heiligen Drei Könige wackelten mit den Ohren
Alle beteten

Oder so?

Maria schnaufte
Josef betete
Das Jesuskindlein stand daneben

Der Ochse kam gelaufen
Der Esel kam geritten
Der Stern lag in der Krippe
Die himmlischen Heerscharen wackelten mit den Ohren
Die Hirten erglänzten
Die Heiligen Drei Könige waren glücklich
Alle jubelten

Oder so?

Maria jubelte
Josef war glücklich
Das Jesuskindlein wackelte mit den Ohren
Der Ochse lag in der Krippe
Der Esel erglänzte
Der Stern betete
Die himmlischen Heerscharen standen daneben
Die Hirten kamen geritten
Die Heiligen Drei Könige kamen gelaufen
Alle schnauften

Oder etwa so?

Maria betete
Josef stand daneben
Das Jesuskindlein lag in der Krippe
Der Ochse schnaufte
Der Esel wackelte mit den Ohren

Der Stern erglänzte
Die himmlischen Heerscharen jubelten
Die Hirten kamen gelaufen
Die Heiligen Drei Könige kamen geritten
Alle waren glücklich

Ja, so.

DAS PFINGSTWUNDER

In einem verschlossenen Zimmer standen seit Jahren ein Tisch und ein Stuhl und sagten nie etwas zueinander, weil keiner die Sprache des anderen verstand.

Wenn der Stuhl etwas von seiner Lehne sagte, meinte der Tisch, er spreche von seinen Zähnen, und wenn der Tisch etwas von seinen Beinen brummte, meinte der Stuhl, er erzähle von seinen Schweinen, und so hatten sie es schon lange aufgegeben, zusammen zu sprechen.

Einmal, am Pfingstsonntag, trat die Hausfrau ins Zimmer und machte singend das Fenster auf, und mit der frischen Luft kamen die Sonnenstrahlen herein und wärmten Tisch und Stuhl. Draußen tschilpten die Spatzen in den Büschen, die Tauben gurrten auf den Nachbardächern, die Amseln jubilierten auf den Fernsehantennen, und der Himmel war wolkenlos blau.

Da wurde es dem Tisch und dem Stuhl ganz eigenartig zumute.

»Was für ein Tag!«, sagte der Tisch.

»Ein Wetter glatt zum Eierlegen!«, sagte der Stuhl, und beide verstanden einander sogleich.

Nun begannen sie zusammen zu sprechen, und siehe da, jeder verstand die Sprache des andern, und sie erzählten sich alles, was sie miteinander erlebt hatten.

Kichernd erinnerten sie sich an verschütteten Himbeersirup, an den Wurm im Salat, den Frau Glutz gegessen hatte, und daran, wie Onkel Eugen einmal mit dem Stuhl umgekippt war.

Dann kam die Hausfrau, schloss das Fenster wieder, zog die Vorhänge zu und verließ das Zimmer.

»Weißt du noch, der Wurm?«, ächzte der Tisch, aber der Stuhl konnte sich an keinen Sturm erinnern.

»Weißt du noch, der Onkel? Hoppla!«, knarrte der Stuhl, aber der Tisch wusste nicht, von welchem Opa der Stuhl sprach, und so verstummten sie und warteten darauf, dass am nächsten Pfingstfest wieder ein Fenster aufginge.

DER MANN AUF DER INSEL

Es war einmal ein Mann, der lebte auf einer Insel.
Eines Tages merkte er, dass die Insel zu zittern begann.
»Sollte ich vielleicht etwas tun?«, dachte er.
Aber dann beschloss er abzuwarten.
Wenig später fiel ein Stück seiner Insel ins Meer.
Der Mann war beunruhigt.
»Sollte ich vielleicht etwas tun?«, dachte er.
Aber als die Insel zu zittern aufhörte, beschloss er abzuwarten.
»Bis jetzt«, sagte er sich, »ist ja auch alles gut gegangen.«
Es dauerte nicht lange, da versank die ganze Insel im Meer und mit ihr der Mann, der sie bewohnt hatte.
»Vielleicht hätte ich doch etwas tun sollen«, war sein letzter Gedanke, bevor er ertrank.

DER GÄRTNER

Es war einmal ein Gärtner, der war dafür bekannt, dass er einen steinernen Hintern hatte.

Viele Leute besuchten ihn deswegen, tasteten, während er die Beete begoss, sein Gesäß ab oder tätschelten ihn verstohlen darauf, wenn er im Treibhaus stand.

»Es ist nicht zu fassen«, sagten sie dann zueinander, »der hat tatsächlich einen Hintern aus Stein.«

Von seinen Blumen aber sprach nie jemand.

DIE SPRECHENDE KASTANIE

Ein alter Mann lebte ganz allein in einem kleinen Haus. Er hieß Pietro, und seine Frau war schon lange tot. Kinder hatte er keine, und die meisten seiner gleichaltrigen Freunde waren gestorben.

Am liebsten sprach er von früher, aber niemand hörte ihm zu. Die meisten Leute saßen lieber vor dem Fernseher und schauten sich Kriege, Überschwemmungen und Vulkanausbrüche an. Aber ob der neue Pfarrer damals ins Dorf gekommen war, bevor der Schäfer Oreste gestorben war, oder erst danach, interessierte niemanden.

Einmal im Herbst hatte Pietro Kastanien gesammelt und wollte sie auf dem Kaminfeuer rösten. Bevor er sie in die Röstpfanne legte, schnitt er eine um die andere auf.

»Bitte!«, rief da eine Kastanie, die er in die Hand nahm, »schneid mich nicht auf, ich kann sprechen!«

Verwundert ließ Pietro sein Messer sinken und legte die Kastanie vor sich auf den Tisch.

»Du kannst sprechen?«, fragte er.

»Ja«, sagte die Kastanie, »und ich weiß auch viele Geschichten von früher.«

»So, so«, sagte der alte Mann, »dann weißt du vielleicht, dass der Hirtenhund des dicken Oreste einmal in den Bach gefallen ist.«

»Sicher«, sagte die Kastanie, »Oreste fuchtelte mit den Händen und sprang fast selbst in den Bach.«

»Aber was ich mich schon lang gefragt habe«, sagte Pietro, »warum ist er eigentlich in den Bach gefallen?«

»Er war hinter der Katze von Tante Amadea her, die hatte aus seinem Trog gefressen.«

»Richtig!«, rief Pietro und musste lachen, »wie konnte ich das vergessen, diese Katze war doch das frechste Vieh im ganzen Dorf!«

»Ja«, sagte die Kastanie und kicherte, »bei Orestes Leichenmahl hat sie dem Pfarrer die Forelle vom Teller gefressen.«

»Ach ja«, sagte Pietro, »aber sag mal, war das der alte oder der neue Pfarrer?«

»Aber Pietro«, sagte die Kastanie, »der alte natürlich, der neue kam doch erst nachher ins Dorf.«

»Eben«, sagte Pietro, »eben, ich hab's ja gewusst. Der neue Pfarrer kam erst nachher.«

Dann fragte er die Kastanie noch bis tief in die Nacht hinein nach Geschichten, die im Dorf passiert waren, und sie konnte ihm alle ganz genau erzählen und wusste auch manches, an das er sich nicht mehr erinnerte.

Als ihn die Nachbarin, die ihm immer die Milch brachte, am nächsten Morgen fand, hatte er den Kopf auf den Tisch gelegt, sein Ohr ganz nahe bei einer Kastanie, und er sah sehr zufrieden aus.

DIE ALTE FRAU

Eine alte Frau lebte ganz allein und war immer traurig. Sie hatte keine Kinder, und alle Menschen, die sie gerngehabt hatte, waren gestorben. Den ganzen Tag saß sie am Fenster ihres Zimmers und schaute hinaus.

»Ach«, dachte sie oft, »wenn ich doch ein Vogel wäre und fliegen könnte.«

Eines Tages, als sie das Fenster geöffnet hatte und die Sonnenstrahlen hereinschienen und sie draußen die Vögel zwitschern hörte, dachte sie wieder: »Ach, wenn ich doch ein Vogel wäre und fliegen könnte.« Und auf einmal war sie nicht mehr eine alte Frau, sondern eine schöne weiße Möwe, die sich von ihrem Fenstersims in die Luft erhob. Sie flog über die ganze Stadt, machte einen langen Bogen über den See, setzte sich auf viele Kirchturmspitzen und Brückengeländer und schnappte fröhlich krähend nach Brotstücklein, die ihr von Großmüttern und deren Enkeln am Seeufer zugeworfen wurden, bis sie am Abend wieder nach Hause flatterte, zu ihrem Fenster hinein auf den Stuhl hüpfte und dort die alte Frau wurde, die sie am Morgen gewesen war.

»Das war aber schön«, dachte sie, und am nächsten Morgen öffnete sie wieder das Fenster und schwang sich vom Sims als Möwe davon, und so machte sie es fortan jeden Tag, bis sie einmal so hoch und so weit fortflog, dass sie nicht mehr zurückkam.

WO DAS PARADIES LIEGT

Es war einmal ein Hund, der hieß Knirps.
Das war ein Zwergpinscher, einer dieser kleinen Bodensauger, die sich für alles interessieren. Er gehörte einer älteren Frau, die mit ihm jeden Tag denselben Spaziergang machte, und weil sie etwas langsam ging, hatte er genügend Zeit, an jeder Ecke zu schnüffeln, wo ein anderer Hund hingepinkelt hatte, denn das war etwas von dem, was ihn am meisten interessierte, wer wo hingepinkelt hatte, und er kannte den Duft der meisten anderen Hunde aus seiner Gegend.

Der Spaziergang führte zu einem ganz kleinen Wäldchen, und dort traf man fast immer einen der anderen Hunde, mit denen man ein paar Neuigkeiten austauschen konnte, zum Beispiel den Zappa, das war der Bernhardiner eines Pfarrers.

»Hallo, Knirps«, sagte der dann zu ihm, »wie geht's?«

»Sag mal, wieso hat die Sandy schon so lang nicht mehr an Hausers Gartentor gepisst?«, fragte Knirps zurück.

»Ja, hast du nicht gewusst, die Sandy ist im Tierheim«, antwortete der Bernhardiner.

»Im Tierheim, warum?«

»Die Alten sind nach Amerika in die Ferien und konnten sie nicht mitnehmen, darum musste sie ins Tierheim.«

»So gemein«, sagte Knirps, »nach Amerika, und unsereiner muss ins Tierheim. Du, aber hast du gehört, Mosers Katze ist überfahren worden!«

Zappa musste lachen. »Geschieht ihr recht, die spazierte immer absichtlich durch unseren Garten, und wenn ich kam, rannte sie zwischen dem Gartenhag durch und blieb direkt auf der andern Seite hocken und schleckte sich die Pfoten, die blöde Zwetschge.«

»Du, und wieso riecht man nichts mehr von Arco? Früher hat er immer in die Unterführung gepinkelt.«

»Arco ist gestorben. Hast du das nicht gewusst?«, sagte Zappa.

»Was? Arco? Das ist doch nicht möglich.« Knirps erschrak. Arco war ein Schäferhund, so groß und stark, dass Knirps das Gefühl hatte, so einer sterbe nie. »Ach, der Arme«, sagte er.

»Wieso arm?«, sagte Zappa, »jetzt ist er doch im Paradies.«

»Paradies? Was ist das?«, fragte Knirps. Das Wort hatte er noch nie gehört.

Der Bernhardiner überlegte einen Moment und sagte dann: »Dorthin kommt man, wenn man gestorben ist, also die Seele.«

Ja, dieser Zappa wusste eine Menge Dinge, man merkte schon, dass er ein Pfarrershund war. Er erzählte Knirps, dass die braven Hunde, die nie jemanden gebissen hatten, ins Paradies kommen, das voll riesiger Hundewiesen ist, auf denen alle ohne Leine herumspringen können und wo es zum Frühstück Hundewürste gibt, zum Mittagessen Rindsherz und zum Nachtessen Hühnerflügel. Knirps lief bei dieser Schilderung das Wasser im Mund zusammen. Rindsherz gab es bei ihm nur einmal in der Woche, und erst noch mit tonnenweise Hundeflocken dazu, die er gar nicht gernhatte, weil sie immer diese Klumpen in der Schnauze gaben, die er so schlecht hinunterschlucken konnte. Und zu essen gab es überhaupt nur einmal am Tag.

»Und wo ist das Paradies?«, fragte er Zappa.

In dem Moment wurde dieser von der Frau Pfarrer weggezogen, und er konnte Knirps nur noch zurufen: »Ich glaube, im Tessin!«

Das merkte sich Knirps, und als die Schläpfers aus dem oberen Stock mit Liegestühlen und Federballschlägern durch das Treppenhaus gingen und seiner Meisterin sagten, sie führen jetzt mit dem Auto in das Tessin, flitzte er schnell die Treppe hinunter und versteckte sich im offenen Kofferraum ihres Wagens zwischen dem Rucksack und den Wanderschuhen, die schon drinstanden. Weil er so klein war, war das kein Problem, und als das Auto losfuhr, hielt er sich im Dunkeln schön still. Es war ihm zwar nicht ganz geheuer, doch er dachte, wenn man ins Paradies will, muss man dafür auch etwas auf sich nehmen.

Die Reise schien ihm aber sehr lang, und in den Kurven drückte es ihm immer die Wanderschuhe an die Schnauze, es wurde ihm ganz schlecht davon, weil sie frisch gewichst waren.

»Je nun«, dachte er, »dafür riecht's dann im Paradies sicher himmlisch«, und er malte sich aus, wie Arco staunen würde, wenn er ihn im Paradies besuchen käme, im Tessin.

Doch jetzt passierte den Schläpfers etwas Dummes. Sie hatten nämlich mitten im Gotthard-Autobahntunnel eine Panne. Der Motor begann zu stottern, sie fuhren mit letzter Kraft auf einen Pannenplatz, und dort tat der Wagen keinen Wank mehr. Herr Schläpfer stieg aus, öffnete den Kofferraum, um sein Pannendreieck herauszunehmen, und diesen Moment benutzte Knirps, um hinauszuhüpfen, denn er dachte natürlich, er sei nun im Tessin, mit andern Worten: im Paradies.

Aber das war ein seltsames Paradies. Es stank furchtbar nach Benzin und Gummireifen, und düster war's wie in der Unterführung zum Wäldchen, nur sah man nirgends einen Ausgang, und dazu herrschte ein Höllenkrach, weil ein Auto hinter dem andern durch den Tunnel donnerte, dass der Boden zitterte, und Autos, das ginge ja noch, aber Lastwagen, einer länger als der andere, und dazwischen Motorräder, die doppelt so laut dröhnten wie die Autos.

Unser Knirps rannte sogleich mit heiserem Kläffen davon, ohne dass die Schläpfers etwas merkten, denn die waren ganz mit ihrer Panne beschäftigt. Herr Schläpfer versuchte, in eine Notrufsäule hineinzubrüllen, und Frau Schläpfer saß übel gelaunt im Auto und fühlte sich sehr allein.

Auch sehr allein fühlte sich Knirps, der einfach geradeaus weiterrannte, zuerst an der Wand entlang, wie das Hunde gern machen, aber es war merkwürdig, er roch keine einzige Hundepisse, so weit er auch kam.

Schließlich wechselte er gegen die Straßenmitte zu, und da knirschten hinter ihm die Bremsen, und er erschrak derart, dass er doppelt so schnell weiterrannte.

Die Lenkerin des Wagens hinter ihm hatte ihn gesehen und wollte ihn auf keinen Fall überfahren, deshalb konnte sie nicht schneller fahren, als er lief. Sie hupte und hupte, in der Hoffnung, er gehe wieder zur Tunnelwand zurück, und das machte Knirps so nervös, dass er einfach noch schneller rannte. Es gab einen Riesenstau im ganzen Tunnel, und hinter Knirps her bewegte sich eine einzige Kolonne im Zwergpinschertempo gegen Süden zu, und natürlich wussten die Leute hinten in der Kolonne nicht, was vorne los war, und schimpften und fluchten und drückten auf ihre Hörner, dass der ganze Tunnel ein einziges Hupkonzert war.

Knirps versuchte noch etwas schneller zu rennen, so schnell, wie er sonst nur hinter Mosers Katze hergerannt war, und dachte: »Nun muss ja dann das Paradies kommen.« Aber es dauerte noch mindestens zwei Stunden, bis er weit vorne ein Licht sah, und als er endlich den Tunnelausgang erreichte, war dort nicht nur ein wunderbar blauer Himmel, sondern auch die Tessiner Polizei, die ihn sofort einfing.

Die Polizisten lachten auf Italienisch, nahmen ihn mit auf den Posten, stellten ihm eine Schüssel Wasser hin, die er sofort austrank, weil er einen Mordsdurst hatte, und einer holte ihm in der Metzgerei eine Portion Rindsherz, wie er sie in seinem Leben noch nie gesehen hatte, ohne ein einziges Hundeflöcklein dazu. Er war so müde, dass er sich sofort in eine Ecke legte und einschlief. Als er wieder erwachte und dachte, jetzt wolle er den Arco besuchen im Paradies, stand seine Meisterin bei ihm, denn die Polizei hatte nicht lange gebraucht, um die Besitzerin herauszufinden, wozu hat denn so ein Tier eine Hundenummer.

Dann kam ein Fotograf und machte ein Bild von ihm, und in den Zeitungen konnte man am nächsten Tag die Geschichte vom Zwergpinscher lesen, der ganz allein durch den Gotthard-Autobahntunnel marschiert war, und als Knirps wieder zu Hause war und zum ersten Mal ins Wäldchen gehen durfte, fragte ihn Pfarrers Zappa:

»Wo warst du denn so lange?«

»Im Paradies«, gab Knirps zur Antwort, »du hast mir ja gesagt, wo es ist.«

Und er erzählte ihm von seiner Reise dorthin und von den Riesenportionen Rindsherz, die es dort gibt, und als Zappa fragte, ob er Arco gesehen habe, sagte Knirps, nein, leider nicht, aber so wie er das Paradies erlebt habe, sei er sicher, dass es Arco sehr, sehr gut gehe.

DIE VERSCHWUNDENEN LEINTÜCHER

»Mama«, fragte ein Mädchen seine Mutter, »wo ist eigentlich mein rotes Leintuch?«

»Ich habe es bestimmt nicht gefressen«, sagte die Mutter nur und gab ihm ein blaues.

»Mama«, fragte das Mädchen nach der nächsten Wäsche, »wo ist eigentlich mein blaues Leintuch?«

»Ich habe es bestimmt nicht gefressen«, sagte die Mutter und gab ihm ein grünes.

»Mama«, fragte das Mädchen nach der nächsten Wäsche, »wo ist eigentlich mein grünes Leintuch?«

Die Antwort der Mutter war wieder dieselbe: »Ich habe es bestimmt nicht gefressen«, sagte sie und gab ihm ein braunes.

Das kam dem Mädchen merkwürdig vor, und als die Mutter das nächste Mal Wäsche hatte, schlich es sich in den Keller, um sie zu beobachten.

Und was musste es da sehen?

Nachdem die Mutter die Kochwäsche zur Waschmaschine herausgezogen hatte, hängte sie alles auf, Frottiertücher, Tischtücher, Waschlappen, Bettüberzüge, aber als sie das braune Leintuch in der Hand hatte, begannen ihre Augen eigenartig zu

glänzen, ihre Hände fingen zu zittern an, sie führte einen Zipfel davon in den Mund, kaute ihn, und auf einmal machte sie sich gierig über das ganze Leintuch her und würgte es in kürzester Zeit hinunter. Dann ließ sie sich mit einem wohligen Stöhnen auf den Wäschekorb sinken.

Das Mädchen ging leise wieder nach oben und fragte seine Mutter nie mehr nach den Leintüchern. Aber sein Vertrauen in die Erwachsenen war seit diesem Erlebnis dahin.

DER GROSSE ZWERG

Es war einmal ein Zwerg, der war 1,89 m groß.

DER HANDYDIEB

(nach einem chinesischen Märchen)

Ein Mann vermisste einmal sein Handy.
Er schaute unter dem Bett nach, auf seinem Schreibtisch und auf der Kommode des Badezimmers.
Als er es an keinem dieser Orte fand, kam ihm der Verdacht, es könnte gestohlen worden sein.
Er wusste auch sofort, wer sein Handy gestohlen haben musste, nämlich der junge Mann im oberen Stock. Er begann ihn zu beobachten, und er sah ganz klar, dass der junge Mann die Bewegungen eines Handydiebes hatte. Auch seine Blicke waren die eines Handydiebes, und erst seine Kleider – es waren die typischen Kleider eines Handydiebes!
Die Frage war jetzt nur noch, wie er ihm diesen Diebstahl beweisen konnte. »Das Beste wäre«, dachte der Mann, »ich warte, bis er fort ist, dringe dann in seine Wohnung ein und durchsuche alles.«
Der Mann wollte sich zu diesem Zwecke Handschuhe anziehen, öffnete seinen Kleiderschrank und fand dort sein Handy, das in der Tasche seines Sonntagsanzuges steckte.
Und seltsam, als er den jungen Mann im Treppenhaus das nächste Mal anschaute, hatte dieser plötzlich nicht mehr die Bewegungen eines Handydiebes. Auch seine Blicke waren überhaupt nicht die

eines Handydiebes, und Kleider wie er trug eigentlich heute fast jeder jüngere Mensch.

Der junge Mensch aber wunderte sich, dass ihn der Mann aus dem unteren Stock so anschaute. »Der blickt mich ja an«, dachte er, »als hätte er mich bestohlen.«

Er vermisste nämlich seit gestern sein Handy.

KRIMINALROMAN

Schaut ihr manchmal auch einen Krimi an im Fernsehen? Die Eltern haben das ja nicht besonders gern, sie möchten ihn lieber allein anschauen. Gewöhnlich ist es ihnen lieber, wenn ihr einen Krimi lest, einen für Kinder, »Die schwarze Hand« vielleicht oder »Die drei Fragezeichen« oder wie sie alle heißen.

Ich muss sagen, ich hab sie nicht so gern, die Krimis, weder die geschriebenen noch die im Fernsehen, weil ich meistens gar nicht verstehe, worum es eigentlich geht, wenn all diese düsteren Typen mit ihren Köfferchen und ihren Hüten rumschleichen, und am Schluss, wenn die Auflösung kommt, hab ich den Anfang wieder vergessen.

Es darf ja auch nie derjenige der Täter sein, den man im Verdacht hat, nie, immer ist es ein anderer, der die ganze Zeit so harmlos getan hat …

Vielleicht geht es euch auch so, und drum hab ich gedacht, ich schreib mal einen Kriminalroman, bei dem einfach von Anfang an alles ganz klar ist, und das ist der, der jetzt kommt. Ihr seht schon mit einem einzigen Blick, dass er viel kürzer ist als ein normaler Kriminalroman, und er geht so:

Alles deutete darauf hin, dass der schlanke Anton den Papagei von Frau Eisenmann erwürgt hatte. Seine Fingerabdrücke waren am Käfig und am Hals des Tieres gefunden worden, sein Alibi war unglaubhaft, und die Wunde an seinem linken Handgelenk war eindeutig ein Schnabelhieb von Frau Eisenmanns Papagei.

Zudem hatten verschiedene Nachbarinnen am Nachmittag des Mordes gehört, wie der Papagei verzweifelt »Anton! Anton!« durchs offene Fenster rief. Dazu kam, dass der schlanke Anton seit Tagen gedroht hatte, er bringe den Papagei von Frau Eisenmann um, weil er jeden Morgen Punkt 6 Uhr »So ein Tag, so wunderschön wie heute!« krächzte.

Der schlanke Anton kam also vor Gericht, gab die Tat zu und wurde zu einer Buße von 500 Franken verurteilt.

DAS TOTE KANINCHEN

Wollt ihr mal eine wahre Geschichte hören, statt immer dieses erfundene Zeug von Zwergen und Riesen und Tieren, die sprechen können?

Also, mein Cousin hatte einmal Besuch – kennt ihr meinen Cousin? Er hat ein Bäuchlein, ist eher klein, schwarzes Kraushaar und ein Schnäuzchen, wohnt etwas außerhalb der Stadt in einer Einfamilienhaussiedlung am Waldrand – ihr kennt ihn nicht? Huber heißt er, und seine Frau ist ein bisschen größer als er, mit rötlichen Haaren, die sie immer so hochgebunden hat – ihr kennt sie nicht?

Schade, die sind sehr nett – fröhliche Menschen beide, lachen viel, also die hatten kürzlich – er fährt so einen dunkelblauen Kleintransporter, den er in ein Wohnmobil umgebaut hat –, ihr kennt ihn trotzdem nicht, ist ja egal, die hatten also kürzlich Besuch von einem jüngeren Ehepaar, mit dem sie befreundet sind, und die brachten einen Hund mit, auch einen jüngeren, und der wollte dauernd raus. Ihr wisst, wie junge Hunde sind, mit diesen tapsigen Pfoten, wenn sie draußen sind, wollen sie rein, wenn sie drin sind, wollen sie raus, also die ließen ihn dauernd raus und rein während des Besuchs, und erst als die Besitzerin sagte – ein Irish Setter war es, also so ein langes Elend mit Haaren wie Putzfäden –, als die Besitzerin sagte: »Jetzt bleibst du aber mal

draußen, verstanden!«, hatte der Hund tatsächlich verstanden und blieb ganz lang draußen. Als er wiederkam, war er total verdreckt, vor allem an den Pfoten, und hatte ein totes Kaninchen in der Schnauze. Mein Cousin und seine Frau erschraken, denn sie sahen, dass es ein Kaninchen ihres Nachbarn sein musste, der züchtete Englische Widder, das ist die Sorte mit den besonders großen Ohren, die sie immer so traurig hängen lassen.

Meinem Cousin und seiner Frau mit den aufgesteckten rötlichen Haaren war das so peinlich, dass sie etwas Dummes taten. Statt zum Nachbarn zu gehen und es ihm zu erzählen, wuschen sie das tote Kaninchen schön sauber, fönten ihm noch die Haare, schlichen dann zum Kaninchenstall hinüber und legten das Tier in ein leeres Abteil.

Als die Frau meines Cousins am nächsten Tag den Nachbarn sah, sagte der, ihm sei etwas Seltsames passiert. Vor zwei Tagen habe er ein Kaninchen, das ihm gestorben sei, im Wald vergraben, und heute morgen liege dasselbe Kaninchen tot, aber völlig sauber in seinem Stall!

WIE DIE BERGE
IN DIE SCHWEIZ KAMEN

Früher war die Schweiz eines der flachsten Länder der Welt. Zwar war das ganze Land voller Sesselbahnen und Skilifte, aber sie führten alle geradeaus. Die Bergstationen waren nicht höher als die Talstationen, und wenn die Leute ausstiegen, wussten sie nicht recht, was tun.

»Man sieht hier auch nicht weiter«, sagten sie und fuhren ratlos wieder zurück. Skis und Schlitten versorgten sie zuhinterst in ihren Kellern.

»Was uns fehlt«, sagten sie zueinander, »sind die Berge.«

Einmal nun wanderte ein kluger Schweizer nach Holland. Matter hieß er, Benedikt Matter.

Was er dort sah, erstaunte ihn. Das ganze Land war voller Berge, aber es gab weder Skis noch Schlitten und schon gar nicht Sesselbahnen oder Skilifte. Im Winter stiegen die Holländer zu Fuß auf die verschneiten Gipfel und fuhren in ihren Holzpantoffeln wieder hinunter. Aber nach einem Mal hatten sie genug. Die Pantoffeln füllten sich rasch mit Schnee, und sie bekamen nasse Füße.

»Es ist so mühsam«, sagten die Holländer zueinander. »Was uns hier fehlt, ist flaches Land.«

Benedikt Matter horchte auf. »Was würdet ihr denn mit dem flachen Land tun?«, fragte er die Holländer.

»Tulpen pflanzen!«, riefen sie sofort, »das gibt nicht viel zu tun!«
»Das trifft sich gut«, sagte Benedikt Matter, »in der Schweiz gibt es fast nur Tulpen. Wir wissen kaum, wohin damit.«
Da beschlossen die Holländer, ihre Berge mit den Schweizern gegen Tulpen zu tauschen.
Die Schweizer begannen nun, alle ihre Tulpenzwiebeln in Kisten zu verpacken und nach Holland zu schicken.
Mit den Bergen war es etwas schwieriger.
Da erinnerte sich Benedikt Matter an das alte Sprichwort »Der Glaube versetzt Berge«.
»Wir müssen es nur glauben«, sagte er, »dann passiert es auch.«
Nun gingen alle Schweizer und Holländer einen Tag lang in die Kirche und glaubten ganz fest, dass die Berge von Holland in die Schweiz kämen, und siehe da, in Holland knirschte und krachte es, ein Berg nach dem andern riss sich vom Boden los, flog in die Schweiz und ließ sich dort nieder.
Endlich führten die Schweizer Bergbahnen und Skilifte in die Höhe, man hatte oben eine wunderbare Aussicht auf andere Berge und konnte mit den Skis hinunterfahren, und jetzt kamen die Leute von weit her, um hier Ferien zu machen.
Die Holländer aber brauchten sich nicht mehr mit den Bergen abzumühen, denn nun war bei ihnen alles flach geworden, und sie pflanzten überall Tulpen und verkauften sie in die ganze Welt.
So waren sie beide zufrieden, die Holländer und die Schweizer, und weil der Mann, dem das alles in den Sinn gekommen war, Benedikt Matter hieß, nannte man den schönsten Berg in der Schweiz zu seinen Ehren das MATTERHORN.

DIE DUMME LAWINE

Ganz hoch oben in den Bergen, dort, wo das ganze Jahr Schnee liegt, gibt es eine Schule für Lawinen.
Sie liegt zuhinterst in einem Talkessel, den kaum je ein Mensch betritt.
Dort kommen zu Beginn des Winters für eine Woche oder zwei von allen Teilen der Alpen her die zukünftigen Lawinen, um zu lernen, was es alles braucht, damit man mit Macht und Wucht einen Hang hinunterdonnern kann.
Ihre Lehrerin ist die alte Schlawine. Sie zeichnet mit Eiszapfen Lawinenverbauungen, Schutzwälder und Seilbahnstationen auf eine große schwarze Felswand, und die kleinen Lawinen müssen nach vorn kommen und mit einem Eiszapfen den besten Weg in die Tiefe einzeichnen.
Die alte Schlawine sagt ihren Schülerinnen auch, wie wichtig es ist, gut und verführerisch auszusehen, um unvorsichtige Skifahrer anzulocken, die einen lostreten können. Dann erzählt sie, wie interessant es ist, Bäume und Elektrizitätsmasten zu knicken, Ställe und Häuser zu zermanschen und Menschen unter sich zu begraben, die man nachher mit Hunden und Stangen suchen muss, bis man sie tot herausbuddeln kann.
Die kleinen Lawinen nicken und versuchen sich alles zu merken.

In einer Klasse war einmal eine Lawine, die war sehr dumm und stellte nur unmögliche Fragen.

Sie wollte zum Beispiel wissen, warum nicht mit jeder Lawine ein Lawinenhund mitrannte, der dann die Verschütteten sofort ausgraben könnte. Oder sie fragte, wie man am besten beim Aufräumen helfen könne, wenn man ein Haus kaputt gemacht habe. Und einmal hob sie den Finger mit der Frage, wieso eigentlich Lawinen immer hinuntersausten und nie hinauf.

Das gab ein Gekicher von all den kleinen Lawinen und ein Gelächter von der alten Schlawine, dass der ganze Talkessel davon widerhallte.

»Hinauf?«, fragte die Lehrerin, halb erstickt vor Lachen, »wie willst du denn hinauf?«

»Genau so wie wir hinunterfahren«, sagte die dumme Lawine, »mit Macht und Wucht.«

»Das können wir nicht«, sagte die alte Schlawine, »das hat noch nie eine von uns gekonnt. Wir müssen einfach hinunter, das war schon immer so.«

Aber eigentlich konnte sie auch nicht erklären, wieso das schon immer so war.

»Wir müssten eben den Wind fragen«, sagte die dumme Lawine und erzählte, dass am Berggrat, wo sie wohnte, der Wind so stark blies, dass es den Schnee nach oben trieb, wo er sich dann zu großen Wächten verklumpe.

»Papperlapapp«, sagte die alte Schlawine, »der Wind ist viel zu schlapp, der ist lang nicht so stark wie wir, wenn wir ins Tal hinunterbrausen. Und jetzt gibt es eine Rechnung: Ihr liegt an einem Hang mit 45 % Neigung und seid 80 cm dick und 40 Meter lang.

Unter euch ist festgefrorener Schnee vom letzten Jahr. Wie viel Neuschnee braucht es, damit ihr losbrechen könnt?«
Und seufzend beugten sich die kleinen Lawinen über die schwere Aufgabe.

Als die dumme Lawine nach Hause ging, hatte sie eines der schlechtesten Zeugnisse, und ihr Vater, der bucklige Schneerutsch, brummte, so bringe sie es nie ins Tal hinunter. Sie solle lieber jetzt schon gehen und sich oberhalb des Dorfes niederlegen, dann sei sie wenigstens einmal in ihrem Leben unten gewesen. Traurig kroch die dumme Lawine die Abhänge hinunter und legte sich oberhalb des Dorfes hin. Aber da kam der Wind zu ihr hergesäuselt und sagte, er habe ihre Antwort gehört, und wenn sie ihn einmal brauche, solle sie ihn nur rufen.
Die kleine Lawine lag nun den ganzen Winter oberhalb des Dorfes auf einer Skipiste und lernte alle Kinder kennen, die mit der Sesselbahn in die Höhe gondelten und dann über sie hinweg wieder nach unten fuhren. Besonders gern hatte sie einen Jungen, der offenbar ziemlich dumm war, denn häufig sauste er mit seinem Snowboard neben die Piste in den Schnee hinaus, statt richtig abzubremsen, wie es die andern machten.
Einmal hatte es so stark geschneit, dass die Piste nicht geöffnet wurde, weil alle Angst vor Lawinen hatten. Da sah die dumme Lawine, wie der kleine Junge ganz allein mit seinem Snowboard auf dem Rücken den Hang hinaufstapfte, dort hinauf, wo vielleicht eine andere Lawine bereitlag, die in der Schule besser aufgepasst hatte.
Und als der Junge ganz hoch oben war, obwohl er immer tiefer

einsank, sah die dumme Lawine, wie das Schneefeld, das zwischen den Felsen lag, Risse bekam. Genau so hatten sie es bei der alten Schlawine gelernt, zuerst auf der Seite anreißen und dann in der Mitte hinunter, mit Macht und Wucht. »Wind!«, rief die dumme Lawine so laut sie konnte, »Wind!«, aber der Wind kam nicht.

Dafür hatten jetzt die Eltern ihren kleinen Jungen gesehen.

»Nicht weitergehen!«, brüllte der Vater hinauf, »sonst gibt's eine Lawine!«

Und die Risse am Rande des Schneefeldes wurden länger.

»Geh zum Fels!« schrie die Mutter, bleich vor Schreck. Aber der Junge drehte sich nicht einmal um.

»Wind!«, rief die dumme Lawine verzweifelt, »Wind!«

Der Wind schien sie nicht gehört zu haben.

Die Risse liefen nun von den Rändern des Schneefeldes aufeinander zu, in die Mitte. Wenn sie sich erreichten, würde die Lawine losbrechen.

»Wind!«, heulte die dumme Lawine mit letzter Kraft, »Wind! Stoss mich hinauf!«

Und als sich nun oben die große Lawine löste und mit Macht und Wucht ins Tal donnern wollte, erhob sich ein gewaltiges Sausen und Brausen, und ein Windstoß schob die dumme Lawine mit solcher Gewalt den Hang hinauf, dass die obere Lawine zum Stehen kam, und mit ihr der kleine Junge, den diese gerade hatte verschlucken wollen.

»Das ist ja unser Dummerchen«, sagte die große Lawine verärgert, denn sie war mit der dummen Lawine zur Schule gegangen.

Die Leute des Dorfes hatten so etwas noch nie gesehen und konnten es sich nicht erklären.

Sie zeigten den Reportern der Zeitungen und des Fernsehens die Stelle oberhalb des Dorfes, wo die dumme Lawine einen Winter lang gelegen hatte, und darunter war jetzt das dürre Gras zu sehen. Sie erzählten vom Sturmwind, der auf einmal den Hang hinaufgeblasen habe, mit einer Macht und Wucht, wie sie das noch nie erlebt hatten, aber so richtig glauben wollte es niemand.

Doch die Eltern des dummen Jungen waren überglücklich.

Die dumme Lawine und die große Lawine lagen noch den ganzen Frühling dicht beieinander.

»Ich begreife das nicht«, sagte die große Lawine immer wieder, »wir Lawinen müssen doch einfach hinunter, wie wir es in der Schule gelernt haben.«

»Gewöhnlich schon«, sagte die dumme Lawine, »aber ausnahmsweise, wenn es wirklich sein muss, können wir auch einmal hinauf.«

Und sie lächelte zufrieden vor sich hin, bis sie im Frühling schmolz und unter ihr die Soldanellen und Krokusse zum Vorschein kamen.

DIE SPAGHETTIFRAU

Ein Mädchen musste einmal einkaufen gehen.
Das musste es eigentlich immer, mindestens zwei Mal in der Woche.
Es hieß Sarah.
Seine Mutter gab ihm jeweils einen Zettel mit, und heute stand auf diesem Zettel

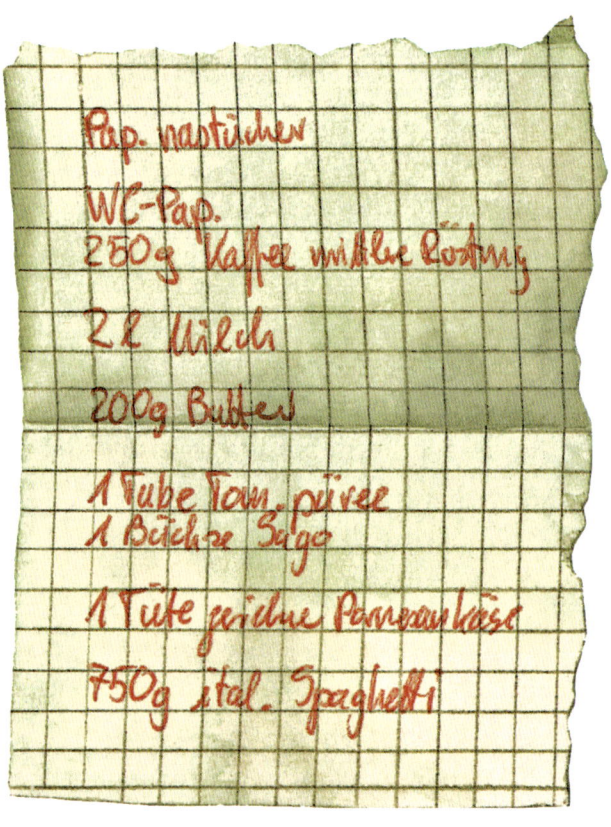

Sarah ging also in den Selbstbedienungsladen, nahm sich ein Wägelchen, das sie vor sich herstieß, hielt in der einen Hand den Zettel und holte die Dinge eines nach dem andern aus den Regalen. Als sie zu den Teigwaren kam, war sie einen Moment verwirrt. So viele verschiedene Sorten, und ihre Mutter hatte nur »ital. Spaghetti« auf den Zettel geschrieben. Sarah las den Ausdruck nochmals halblaut, ital., das hieß wohl italienische. Kürzlich hatte nämlich der Vater behauptet, die italienischen Spaghetti seien besser als unsere. Darum war es wahrscheinlich wichtig, dass sie wirklich italienische Spaghetti nach Hause brachte. Sie begann die verschiedenen Aufschriften zu lesen, wurde aber nicht klug daraus.

Plötzlich rief ihr eine Stimme aus dem Regal zu: »Ciao, Sarah!« Das Mädchen sah sofort, woher die Stimme kam. Auf einer Spaghettipackung war eine Frau mit einem weißen Kopftuch und einer roten Schürze abgebildet, die stand vor einem Getreidefeld, trug in jedem Arm ein Büschel Ähren und lachte.

Sarah lachte auch. »Ciao«, sagte sie und nahm die Packung mit der lachenden Frau aus dem Regal, aber diese sagte nichts mehr.

Am Abend gab es zu Hause italienische Spaghetti, und der Vater fand, die seien wirklich besser als unsere.

»Was findest du, Sarah?«, fragte er seine Tochter.

Sarah fand sie auch besser und sagte, die Frau auf der Packung kenne sie, sie habe zu ihr »Ciao, Sarah!« gesagt.

Der Vater lachte. Das habe sie falsch verstanden, die habe sicher »Ciao, cara!« gesagt, cara heiße nämlich auf Italienisch lieb.

Ach was, sagte die Mutter, überhaupt nichts habe sie gesagt, woher denn eine Spaghettipackung reden könne.

Als Sarah das nächste Mal einkaufen ging, stand auf ihrem Zettel wieder »ital. Spaghetti«. Diesmal wusste sie gleich, welche gemeint waren. Trotzdem stand sie einen Augenblick vor dem Regal still und blickte auf die Spaghettipackungen mit der lachenden Frau.

»Ciao, Sarah!«, sagte die Frau fröhlich.

»Ciao!«, sagte Sarah und lächelte auch.

»Viel Arbeit«, sagte die Frau und wackelte mit ihren Ährenbüscheln.

»Ich auch«, sagte Sarah, »viel Hausaufgaben.«

»Poverina«, sagte die Italienerin, »bei uns ist blauer Himmel.«

Sarah sah, wie blau der Himmel auf dem Bildchen war, und sie seufzte. Bei ihnen regnete es, und von der Windjacke tropfte es immer noch auf das Einkaufswägelchen.

»Komm zu Besuch!«, sagte die Frau und lachte.

Da erschrak Sarah, griff nach der Packung und legte sie ins Wägelchen.

»So«, sagte der Vater, als sie am Abend wieder die italienischen Spaghetti aßen, »was hat denn die Frau auf der Packung heute gesagt?«

»Ich soll sie besuchen«, sagte Sarah.

Die Mutter schlug mit der Gabel auf den Tisch. »Basta!«, rief sie, »jetzt hört mit dem Unsinn auf!«

»Nimm das nicht so ernst«, sagte der Vater, »Sarah macht nur Spaß.«

»Nein«, sagte Sarah, »genau das hat die Frau gesagt.«

Als Sarah das nächste Mal einkaufen gehen musste, stand wieder auf dem Zettel »ital. Spaghetti«.

Sarah holte zuerst die Suppen, den Kaffee, die Cornflakes und die Thunfischbüchsen, und dann stand sie vor dem Regal mit den Teigwaren still und blickte zur Spaghettifrau.

»Ciao, Sarah!«, sagte diese und lachte.

»Ciao!«, antwortete Sarah und lachte auch.

»Schönes Wetter bei euch?«, fragte die Frau.

»Nein«, sagte Sarah, »es regnet schon wieder, und ich bin ganz nass.«

»Bei uns ist Sonne und blauer Himmel«, sagte die Frau, »komm zu Besuch!«

»Wie?«, fragte Sarah.

Da ließ die Frau ihre Ährenbündel fallen und streckte die Hand aus.

Sarah stieg auf das Regal, ergriff die Hand der Spaghettifrau, und schon zog diese sie zu sich.

Sarah musste die Hand vor die Augen halten, so strahlend blau war der Himmel hier. Sie standen neben einem Feld, auf dem noch ein Mann arbeitete, der mit der Sense das Getreide mähte. Daneben wartete ein Esel vor einem Karren, der schon halb voll mit Getreide beladen war.

Der Mann winkte und rief: »Ciao, Sarah!«

»Hilfst du mir aufladen?«, fragte die Frau.

Sarah nickte und packte ein Ährenbündel auf einer Seite, die Frau packte es auf der andern Seite, und zusammen luden sie es auf den Karren. Als dieser voll war, rief der Mann: »Basta!« Genau wie ihre Mutter, wenn sie wollte, dass man mit etwas aufhören sollte.

Dann gingen sie mit dem Karren voll Getreide einen Feldweg

hinunter. Sie kamen zu einem kleinen Haus, luden alles Getreide vom Karren ab und trugen es in die Scheune neben dem Haus.

»Komm essen!«, sagte die Frau und lachte.

Sie gingen ins kleine Haus, und dort blubberte schon eine Tomatensauce auf dem Herd. Nun gab es wunderbare Spaghetti, und dann sagten der Mann und die Frau »Siesta!« und legten sich hin. Sarah trat vors Haus in die Sonne, streichelte den Esel, holte Blätter von einem Busch und gab sie ihm zu fressen.

Dann kamen der Mann und die Frau wieder aus dem Haus, spannten den Esel vor den Karren, und sie gingen alle zum Getreidefeld.

In der Zwischenzeit waren Sarahs Eltern unruhig geworden, denn ihre Tochter kam vom Einkauf einfach nicht nach Hause. Schließlich gingen sie in den Laden und fragten die Kassenfrauen, ob Sarah heute da gewesen sei. Keine der Kassiererinnen konnte sich aber an das Mädchen erinnern.

Daraufhin gingen die Mutter und der Vater durch den ganzen Laden, und vor dem Teigwarenregal fanden sie das Einkaufswägelchen mit den Suppen, dem Kaffee, den Cornflakes und den Thunfischbüchsen. Das Zettelchen, das die Mutter geschrieben hatte, lag zuoberst.

»Sie muss doch da sein«, sagte der Vater.

Beide schauten sich überall um, und auf einmal packte die Mutter den Vater am Arm. »Das ist doch nicht möglich«, flüsterte sie, »schau mal dort!«

»Wo?«, fragte der Vater.

Die Mutter zeigte auf die italienischen Spaghetti, und auf dem

Bildchen, wo sonst die Frau mit den Ähren war, sah man nun Sarah, die unter jedem Arm ein Ährenbüschel trug.

Als Sarah dabei war, ihre Ährenbüschel ganz allein auf den Eselskarren zu heben, hörte sie plötzlich von weit her die Stimme ihrer Eltern. Sie drehte sich um und sah, wie sie den Weg entlanggerannt kamen und riefen und winkten.
Sarah winkte auch.
Plötzlich stand ihr Vater vor ihr und streckte die Hand nach ihr aus.
»Sarah!«, rief er, »komm zurück!«
Da sagte Sarah zur Spaghettifrau: »Ich muss wieder nach Hause.«
»Gut«, antwortete die Frau, »komm wieder einmal. Ciao.«
»Ciao zusammen«, sagte Sarah zur Spaghettifrau, zum Esel und zum Mann. Dann gab sie ihrem Vater die Hand, und auf einmal stand sie wieder neben ihrem halb gefüllten Einkaufswägelchen im Selbstbedienungsladen bei ihren Eltern, die ganz aufgeregt waren.
»Kind, wo warst du?«, fragte die Mutter und nahm sie in ihre Arme.
»Bei der Spaghettifrau«, sagte Sarah, »ich habe ihr beim Aufladen geholfen.«
Sie zeigte auf die Spaghettipackung. Dort, wo Sarah vorhin gestanden hatte, war jetzt nur ein Getreidefeld. Da kam die Spaghettifrau wieder und stellte sich lächelnd mit ihren beiden Ährenbündeln ins Bildchen.
»Ich verstehe überhaupt nichts mehr«, murmelte der Vater.

Dann gingen sie zusammen nach Hause, und die Mutter machte ein köstliches Birchermüsli, aber Sarah hatte keinen Hunger.

»Ich habe schon Spaghetti gegessen«, sagte sie.

Als sie das nächste Mal einkaufen ging, kam ihre Mutter mit. Sie holten Saucen, Tee, Kaffee, Champignons, Erbsenbüchsen und Schokolade aus den Regalen, doch als sie zur Teigwarenabteilung kamen, suchte Sarah vergebens nach der Packung mit der Spaghettifrau.

»Wo sind die italienischen Spaghetti mit der Frau und den Ähren drauf?«, fragte die Mutter eine Verkäuferin.

»Die führen wir nicht mehr«, sagte die Verkäuferin.

»Ist mir auch recht«, sagte die Mutter und nahm wieder die alten. Sarah aber seufzte und war ein bisschen traurig.

Zum Schluss kamen sie bei den Getränken vorbei.

»Eine Flasche Rum muss ich noch haben«, sagte die Mutter, »ich will Bananen flambieren.«

»Darf ich sie herausnehmen?«, fragte Sarah und bückte sich.

Auf der Rumflasche war ein lachender schwarzer Mann mit einem großen Hut und goldenen Ohrringen abgebildet.

»Hallo, Sarah!«, sagte er, als sie nach der Flasche griff.

»Hallo!«, antwortete Sarah und lächelte.

»Mit wem sprichst du?«, fragte die Mutter.

»Mit niemandem«, sagte Sarah und legte die Flasche zuoberst ins Einkaufswägelchen.

Aber als sie an der Kasse warteten, schaute Sarah den fröhlichen dunklen Mann an und auf der Etikette darunter die zauberhafte Palmenlandschaft mit dem Sonnenuntergang, und sie fragte ihre Mutter: »Wann brauchst du wieder so eine Flasche?«

DAS UNSTERBLICHE ZAHNBÜRSTCHEN

In Schottland lebte vor etwa fünfzig Jahren ein alter Mann, der hieß Joseph MacSellery und besaß seit seiner Jugendzeit nur ein einziges Zahnbürstchen. Während bei unseren Zahnbürstchen die Borsten schon nach ein paar Wochen stumpf werden oder nach allen Seiten struppig abstehen, blieb das Zahnbürstchen von Joseph MacSellery frisch wie am ersten Tag.

Er hatte es als Siebenjähriger von seiner Tante zum Geburtstag bekommen, und er erinnerte sich noch im hohen Alter, wie enttäuscht er über dieses Geschenk gewesen war. Es hatte zwar einen goldenen Griff und tiefschwarze Borsten, aber trotzdem hätte der kleine Joseph viel lieber Schokolade gehabt.

»Weißt du was«, sagte die Tante, »putz schon mal deine Zähne damit, und wenn ich das nächste Mal komme, kannst du es bei mir gegen eine Schokolade umtauschen.«

Die Tante wanderte jedoch bald darauf nach Australien aus, und die Familie MacSellery hörte nie mehr etwas von ihr.

Der kleine Joseph aber war fest davon überzeugt, dass sie eines Tages von Australien zurückkäme und ihm die versprochene Schokolade bringen würde.

Also putzte er jeden Tag zweimal seine Zähne mit dem goldenen

Zahnbürstchen und ließ die schwarzen Borsten über die Schneidezähne und die Backenzähne kreisen, dass es nur so knirschte.

Seine Mutter wunderte sich, dass das Bürstchen nach einem halben Jahr noch genauso aussah wie am Anfang, und sie wunderte sich noch mehr, als auch an Josephs achtem Geburtstag keine einzige Borste fehlte.

An seinem neunten Geburtstag war es nicht anders, und zudem sagte der Schulzahnarzt zur Mutter, Joseph habe die schönsten Zähne der ganzen Klasse.

Niemand konnte sich das erklären. Vergeblich suchte die Mutter in Kaufhäusern, Drogerien und Apotheken ein ähnliches Zahnbürstchen, es war nicht einmal ein Markenname auf dem Griff zu sehen. Eine bekannte Zahnbürstenfabrik interessierte sich für dieses einmalige Exemplar und schickte ihren besten Zahnbürsteningenieur zur Familie MacSellery, aber er fand nicht heraus, was das Besondere an Josephs goldenem Zahnbürstchen war.

Während die Eltern und die Geschwister alle paar Wochen neue Zahnbürstchen brauchten und erst noch Löcher in den Zähnen hatten, putzte Joseph mit zunehmender Freude seine Zähne mit dem goldenen Zahnbürstchen seiner Tante.

Er wurde 86 Jahre alt, ohne dass er ein einziges Mal eine neue Zahnbürste brauchte. Auch zum Zahnarzt musste er nie; im Alter, in dem die meisten Leute ein künstliches Gebiss benötigen, fiel ihm kein einziger Zahn aus, und er biss mit seinen Vorderzähnen mühelos eine Haselnuss durch.

Als er merkte, dass er sterben musste, schenkte er seinem Urenkel das goldene Zahnbürstchen, und als dieser enttäuscht war über das Geschenk, sagte er ihm, er solle schon mal die Zähne damit putzen, und wenn er das nächste Mal komme, könne er es bei ihm gegen eine Schokolade umtauschen.

Das war vor fünfzig Jahren. Joseph MacSellery starb ein paar Tage später, und sein Urenkel ist heute 57 Jahre alt und putzt immer noch die Zähne mit dem goldenen Zahnbürstchen. »Ich glaube«, soll er neulich gesagt haben, »ich glaube, dieses Zahnbürstchen ist unsterblich.«

Und wisst ihr, was ich glaube?

Ich glaube, er hat recht.

DIE KLEIDER DES HERRN ZOGG

Eines Morgens , als der Wecker läutete, stand Herr Zogg einfach nicht auf. Dabei hatte er ihn selbst gestellt, auf 7 Uhr, wie immer, denn um 8 Uhr musste er im Büro sein. Es wurde Viertel nach 7, Herr Zogg schlief weiter, es wurde halb 8, Herr Zogg schlief immer noch, es wurde Viertel vor 8, und Herr Zogg schnarchte sogar.

»Kameraden«, sagte da die Hose zu den andern Kleidern, die über dem Stuhl hingen, »wir müssen wohl.« Da kroch die Unterhose in die Hose, Unterhemd und Hemd stopften ihre Enden in die beiden hinein, die Krawatte schlang sich um den Hemdkragen, die Jacke schob sich über das Hemd, die Socken stellten sich in die Schuhe, und dann gingen sie alle die Treppe hinunter vors Haus, fuhren im Bus zum Büro, in dem Herr Zogg arbeitete, und nahmen dort den Platz hinter seinem Pult ein. Immer wenn jemand hineinschaute, wühlten sie in irgendeinem Stoß Papier, und als Herr Zogg gegen Mittag im Geschäft vorsprach und nur ein Badetuch um die Hüften gewickelt hatte, wollte man ihn nicht kennen und schickte ihn sofort wieder weg.

An diesem Tag war Zahltag, und sobald die Kleider das Geld bekommen hatten, beschlossen sie, einmal richtig Ferien zu machen, und verreisten noch am selben Tag nach Italien.

Herr Zogg aber musste sich eine andere Arbeit suchen. So wie er angezogen war, fand er nur eine Stelle als Bademeister und riss fortan Eintrittskarten ab, leerte Abfallkübel, rettete Ertrinkende und fühlte sich so weit ganz gut, nur in der Garderobe arbeitete er nicht so gern, denn beim Anblick der vielen aufgehängten Kleider war es ihm immer ein bisschen unheimlich.

DER DREISSIGSTE KANAL

Joggi hatte seinen siebten Geburtstag.
Er war ein Bub und hieß eigentlich anders, entweder Jonathan oder Jonas oder Joel, aber irgendwie hatte es sich ergeben, dass man ihn Joggi nannte, und nun war er eben der Joggi, der gerade seinen siebten Geburtstag feierte.

Das heißt, er hatte ihn tagsüber gefeiert. Zum Mittagessen hatte es Bratwurst und Apfelmus gegeben, das aß er am liebsten. Der Vater hatte es zwar nicht gern gesehen, vor allem hatte er es nicht gern gegessen, aber weil er ein lieber Vater war, hatte er dasselbe gegessen wie sein Sohn. Und er hatte auch von der Quarktorte mit den sieben Kerzen gegessen, die dauernd wieder im weichen Kuchen umsanken und ihn mit Kerzenwachs bekleckerten.

Am Nachmittag kamen ein paar Freunde von Joggi. Sie durften »Mr Bean«-Videos anschauen, zuerst die alten, die sie schon kannten, und dann das neue, das Joggi zum Geburtstag bekommen hatte, wo Mr Bean sein Zimmer neu streichen will und dabei seine halbe Wohnung kaputt macht. Dann gab es nochmals eine Torte, ohne Kerzen diesmal, dafür aus Schokolade, und ein Würfelspiel, »Die Reise zum Nordpol«. Zweimal hatte Balz Buchmann gewonnen, den Joggi am wenigsten von allen mochte, aber dafür besaß Balz sämtliche »Tim und Struppi«, und solche Leute muss man sich schon ein bisschen warmhalten, auch wenn sie einem den Geburtstag versauen.

Dann waren alle wieder nach Hause gegangen. Zum Nachtessen hatte er mit seiner Mutter Joghurt und Cornflakes gegessen; der Vater war in einer Sitzung, und nachher musste die Mutter auch weg. Sie spielte Geige in einem Orchester, das an diesem Abend eine wichtige Probe hatte, eine Hauptprobe, sagte die Mutter, und deshalb war am Abend diese Probe die Hauptsache und nicht mehr Joggis Geburtstag.

So kam es, dass Joggi am Abend wieder einmal allein zu Hause war, denn Geschwister hatte er keine. Dass er Angst gehabt hätte, kann man nicht sagen. Er wusste, dass Frau Weber auf der andern Seite des Treppenhauses daheim war und er sie rufen konnte, wenn etwas gewesen wäre. Aber was sollte schon sein? Es passierte nie etwas, Joggi war einfach allein und hätte es lieber gehabt, wenn er nicht allein gewesen wäre.

Es gab Dinge, die waren erlaubt, und es gab Dinge, die waren verboten.

Erlaubt war zum Beispiel, abends im Bett noch ein Bilderbuch anzuschauen, und verboten war, abends noch Fernsehen zu schauen.

An diesem Abend aber hatte Joggi plötzlich Lust, den Fernseher anzuschalten. »Heute habe ich Geburtstag«, dachte er, »ich bin sieben Jahre alt, und ich gehe schon zur Schule, jetzt schaue ich einmal am Abend Fernsehen.«

Er ging in die Stube und nahm das Fernbedienungsgerät aus dem Schrank. Am Fernsehapparat leuchtete das rote Lichtlein, als hätte es auf ihn gewartet. Er setzte sich in den großen Ledersessel, auf dem sonst sein Vater saß, und drückte auf den Knopf Nr. 1. Sofort erschien eine Frau und sagte ihm, jetzt käme ein Kriminalfilm. Joggi erschrak und drückte auf den Knopf Nr. 4. Da saßen ein paar Herren an zwei schräg gegeneinandergestellten Tischen und sprachen miteinander. Das heißt, es sprach jeweils nur einer, und der las auch mehr ab, als dass er sprach, und dann sprach der nächste, und der las auch mehr ab, als dass er sprach. Joggi hörte ein bisschen zu und verstand nicht, wovon hier gesprochen wurde, »Finanz«, sagten sie immer wieder, Finanz, das musste jemand sein, den niemand besonders gernhatte. Nach einer Weile drückte Joggi auf den Farbknopf und ließ den Finger so lange drauf, bis alle Herren zündrote Köpfe und knallgrüne Krawatten hatten. Dann ließ er die ganze Gesellschaft erbleichen und drückte auf den Knopf Nr. 7. Dort sprach ein Mann mit einer Glatze auf Französisch zu vielen Leuten, die vor ihm auf einer Art Tribüne saßen und nach jedem zweiten Satz ungeheuer lachten, aber auch auf Französisch, sodass Joggi wieder auf den ersten Knopf drückte, denn inzwischen war sein Schreck vorbei. Er war nämlich deshalb erschrocken, weil ihm seine Eltern ganz speziell verboten hatten, Kriminalfilme anzusehen. Aber jetzt war er schließlich sieben Jahre alt, und in der Schule erzählten die andern immer vom Kriminalfilm von gestern Abend, und wieso sollte man mit sieben Jahren nicht einmal zusehen dürfen, wie ein paar erwachsene Lümmel aufeinander schießen.

Gerade war zu sehen, wie ein alter Mann, ein Goldschmied wahrscheinlich, an einer Kette mit Edelsteinen arbeitete, während an seiner Tür einer mit einem Draht das Schloss zu öffnen versuchte, ohne dass es der Goldschmied merkte. Der mit dem Draht konnte nichts Gutes im Sinn haben, denn er hatte außer dem Draht noch eine Pistole bei sich, und der Goldschmied merkte immer noch nichts. »Er wird ihm nichts tun«, dachte Joggi, »er will ja nur die Edelsteine.« Jetzt hatte der mit dem Draht die Tür aufgekriegt, ging hinein und richtete die Pistole auf den alten Mann, der erschreckt aufsprang und die Hände in die Höhe hielt. Der mit dem Draht nahm seelenruhig alle Edelsteine, die dalagen – er hatte Handschuhe an, der fiese Kerl! –, und leerte sie in ein Säcklein, das er mitgebracht hatte. Der alte Mann konnte das fast nicht mit ansehen, und nun fiel einem auf, dass er mit der einen Hand, die er hochhielt, ganz nah am Schalter der Alarmanlage war. Langsam senkte er den Arm zu diesem Schalter hinunter, so langsam, dass es der mit der Pistole nicht merken sollte – »er merkt es nicht«, dachte Joggi, »nein, er merkt es nicht« –, aber im Moment, als der alte Mann mit dem Finger beim Schalter war, schoss der mit der Pistole auf ihn, der alte Mann schrie auf, taumelte nach hinten und fiel durch ein Fenster aufs Straßenpflaster hinunter, das mindestens zwei Stockwerke tiefer war, und blieb tot und verrenkt am Boden liegen. Da drückte Joggi den Knopf Nr. 6.

Ihm hatten sich alle Muskeln zusammengezogen, als der Räuber einfach schoss. Er hätte ja dem Goldschmied auf die Hand zielen können, damit er den Alarm nicht auslösen konnte, oder ihn fesseln und an den Stuhl binden, dann hätte er noch gelebt. Aber der hatte einfach geschossen, ohne zu fragen und ohne dass man es vorher wusste, die Frau am Anfang hätte es auch sagen können.

Auf Kanal Nr. 6 hingegen deckte ein rothaariges Mädchen den Tisch. Der Tisch stand im Freien vor einem Blockhaus in einer hügeligen, sonnigen Gegend. Joggi atmete auf. Der Tisch sah

friedlich und appetitlich aus und war mit den verschiedensten Sachen gedeckt: Brot, Fleisch, Butter, Früchte, Gurken, alles auf einem rot-weiß gewürfelten Tischtuch. Eigentlich sah es fast aus wie ein Geburtstagsessen, jedenfalls etwas, auf das sich alle freuten. Der Vater des Mädchens trat heraus, ein mächtiger, freundlicher Mann, der auch rote Haare hatte, und lobte das Mädchen. Zwei Brüder des Mädchens erschienen. Einer war etwa so groß wie die von der vierten Klasse, der andere sah gleich alt aus wie Joggi, oder vielleicht ein bisschen älter, ein Zweitklässler, dachte Joggi, wusste aber nicht, ob es dort überhaupt Schulen gab, auch waren alle etwas altmodisch gekleidet, und früher war sowieso alles anders.

Der Vater sagte nun, sie müssten sich beeilen, und schickte den Zweitklässler hinters Haus zum Wasserholen, und zum Älteren sagte er, er solle die Pferde bereitmachen, gleich würden sie ihre Mutter abholen. Joggi dachte, wie schön es sein müsse, in einem solchen Blockhaus zu leben und Pferde zu haben, da knallte es zwei oder drei Mal, und die Schwester der beiden Jungen drehte sich langsam um sich selber und fiel zu Boden. »Ist die so erschrocken?«, dachte Joggi. Aber da rannte der Vater zur Tochter und schrie: »Was haben sie dir getan?« In dem Moment knallte es noch ein paar Mal. Der Vater ging auch in die Knie, direkt neben seiner Tochter, griff sich an die Brust, wo das Hemd einen roten Fleck bekam, und fiel dann vornüber.

»Bleib drin, bleib drin, bleib drin!«, dachte Joggi, als der größere Bub herausrannte. Aber schon schoss es wieder, und der Bub schrie ganz schrill auf und war auch tot. Und jetzt sah man, wie zwischen den Büschen rings ums Haus Männer hervorkamen mit langen Gewehren, aus deren Läufen es noch rauchte, Männer, die breitkrempige Schlapphüte auf ihren Köpfen trugen und langsam und böse auf den Picknicktisch zukamen, der immer noch fröhlich rot-weiß kariert dastand, dabei war die Familie, die daran picknicken wollte, schon erschossen.

Nein, einer war ja noch am Leben, der Zweitklässler! Joggi sprang aus dem Ledersessel auf. »Lauf«, dachte er, »lauf, lauf, lauf schnell weg!« Warum kam er denn auch noch auf den Platz vor dem Haus mit seinem Wasserkrug, wo doch die bösen Männer schon haufenweise herumstanden mit ihren gemeinen Hüten? Aber so gemein waren sie sicher nicht, dass sie auf einen Zweitklässler schossen, einen mit Sommersprossen, der sich nicht wehren konnte! Ja, sie schossen auch nicht, sondern jetzt begann der Anführer mit ihm zu reden. Mit seinem Namen war etwas, das er wissen wollte, wahrscheinlich war ihm einfach etwas nicht klar. Und nachher würden sie ihn in eine Pferdekutsche setzen und zu seiner Großmutter schicken, wo er aufgezogen würde und vielleicht doch noch eine schöne Jugend hätte, auch in einem Blockhaus, mit Freunden und Tieren, wenn bloß dieser Tag einmal lange genug vorbei war. Joggi stellte sich vor, wie schön es für den Buben sein musste, wenn alle unheimlich lieb zu ihm wären, weil er etwas so Schlimmes erlebt hatte, da hob der Anführer, der blöde, grässliche, bodenlos hundsgemeine Sauhund von einem Anführer, seinen Revolver und erschoss auch den Zweitklässler. Joggi kamen die Tränen, und er drückte ganz fest auf den »Zapp«-Schalter. In rasender Geschwindigkeit wechselten sich Tennisspieler mit Tänzerinnen, Nachrichtensprechern, Operationsschwestern und Waschmaschinen ab, und als er den Knopf wieder losließ, war er auf dem Kanal Nr. 30.

Was er dort sah, war so eigenartig, dass er sofort zu weinen vergaß. Die soeben erschossene Familie war gar nicht erschossen. Alle standen neben dem Picknicktisch und schienen sich ganz gut mit den langmäntligen Männern zu verstehen. Der Vater plauderte mit dem Anführer. Der zweite von links, der mit den Bartstoppeln, zeigte den beiden Buben ein Kunststücklein, während neben dem Mädchen eine Frau in Jeans stand, die ihm mit einer Bürste über den Rock fuhr. Zwischen den Büschen hervor kam mit schlenkernden Bewegungen ein Mann und zog dem Vater das Hemd mit dem Blutfleck aus, wusch ihn darunter ab, nahm ihm einen kleinen Beutel von der Brust und heftete ihm einen neuen an, half ihm dann in das frische Hemd, während der Vater ununterbrochen mit dem Anführer diskutierte, aber wahrscheinlich nicht über das Erschießen, sonst hätten sie nicht so gelacht. Flinke Männer putzten die Blutspuren am Boden auf. Überhaupt war mit einem Mal alles voller Leute, so einsam konnte das Blockhaus also nicht gelegen sein. Einer schaute dauernd durch eine gefärbte Glasscheibe zum Himmel hinauf, ging dann zu einer Filmkamera, die in der Nähe des Picknicktisches aufgestellt war, und sprach mit den beiden Männern, die dahinterstanden. Der eine davon ging anschließend zu dem Mädchen und redete eindringlich mit ihm, stellte sich vor es hin, und jetzt, um Himmels willen, jetzt brach er doch tatsächlich zusammen, dabei hatte niemand geschossen, aber als er am Boden lag, redete er immer noch. Offenbar zeigte er dem Mädchen, wie man richtig gut stirbt. »Achtung!«, rief jemand so laut, als stünde er in der Stube, »gleich geht

die Sonne weg!« Joggi fand das nicht so schlimm, dass man deswegen schreien musste. Aber er merkte, wie alles ein bisschen schattiger wurde, und dieselbe Stimme rief: »Mindestens eine Viertelstunde Pause! Dann machen wir das Ganze nochmals!«
»Schade«, dachte Joggi, »so lange.«
Aber plötzlich sah er den alten Mann aus dem Kriminalfilm, und auch ihm hatte es nichts gemacht. Er stand auf dem Trottoir, auf dem er soeben noch tot gelegen hatte, und sprach sozusagen mit sich selber, denn neben ihm stand ein zweiter Mann, der genauso aussah wie er. Und jetzt begannen ähnlich flinke Männer wie die, die vorhin die Blutspuren aufgewischt hatten, große Schaumgummimatratzen dort aufzuschichten, wo der alte Mann gelegen hatte. Der eine der alten Männer griff von Zeit zu Zeit prüfend hinein und schaute zum Fenster hinauf, das gerade neu eingehängt wurde. Joggis Mutter hatte ihm einmal gesagt, dass im Film die halsbrecherischen Sachen von besonderen Leuten ausgeführt werden, die man einfach so schminkt und kleidet wie die Schauspieler, für die sie einspringen. Also fiel wahrscheinlich nur einer von beiden zum Fenster hinaus. Joggi erinnerte sich auch, dass man nicht gesehen hatte, wie der alte Mann am Boden aufschlug. Der eine war also einfach auf die Matratze gesprungen, und der andere hatte sich später auf dem Pflaster ausgestreckt, ohne dass er gesprungen und umgekommen war. Und der alte Mann war ja auch kein richtiger alter Mann, sondern nur einer, der einen alten Mann spielte und nachher mit dem, der ihn erschossen hatte, zusammen essen ging oder Karten spielen.
Plötzlich war Joggi sehr erleichtert beim Gedanken, dass hier

niemand umgebracht oder zerschmettert wurde. Er lachte, als er sah, wie die Herren aus dem 4. Kanal mit roten Köpfen und grünen Krawatten zu den Leuten traten, die um die beiden alten Männer mit den Matratzen herumstanden, und mit ihnen zu diskutieren begannen, indem jeder von einem Zettelchen seine Meinung ablas. Da streckte auf einmal der Mann aus dem 7. Kanal seine französische Glatze durch die neu eingehängte Fensterscheibe, dass sie scherbelnd zerbrach, worauf alle Leute lachten und sich die Hand gaben.

»Achtung!«, rief die laute Stimme, »die Sonne kommt!« Sofort nahmen die mit den roten Köpfen und den grünen Krawatten und die beiden alten Goldschmiede und alle, die herumstanden, Hämmer oder Pickel in die Hand und hackten das zweistöckige Haus in wenigen Sekunden in Grund und Boden, flinke Männer trugen den rot-weiß karierten Picknicktisch herein, andere stellten Hügel auf und Büsche, die rothaarige Familie marschierte ein, dahinter stellten sich die gemeinen Männer in den breitkrempigen Hüten und den langen Mänteln auf, die zwei alten Männer legten sich vor ihnen auf eine Matratze, der Edelsteindieb setzte seinen linken Fuß auf den einen von ihnen, und die Diskussionsleute mit den zündroten Köpfen und den knallgrünen Krawatten nahmen alle ein neues Zettelchen aus der Tasche und lasen einstimmig davon ab:

»Herrgottnocheinmal –
der dreißigste Kanal!«

Als die Eltern nach Hause kamen, war Joggi vor dem Fernsehapparat eingeschlafen, auf welchem das rote Lichtlein still vor sich hin strahlte. Sie trugen ihn ins Bett und fragten ihn erst am andern Morgen, was er denn am Abend für ein Programm angeschaut habe. Als er ihnen vom 30. Kanal erzählte, runzelte der Vater die Stirn und sagte, dass es auf ihrem Apparat nur 29 Kanäle gebe. Joggi ließ sich nicht beirren und erzählte genau, was er gesehen hatte. Der Vater drückte am Abend alle 29 Sender, ohne dass danach ein 30. kam, aber Joggi wusste trotzdem, dass es ein 30. Programm gibt, in dem alle, die erschossen werden, wieder aufstehen und miteinander sprechen und Witze darüber machen, dass sie gerade aufeinander geschossen haben, und dass sie dann, wenn sie miteinander Witze machen, viel lustiger sind, als wenn sie in langen Mänteln böse auf einen Picknicktisch zugehen.

DER TRAGISCHE TAUSENDFÜSSLER

Der alte Tausendfüßler saß vor seiner Höhle und wollte endlich einmal seine Füße zählen. Sein ganzes Leben lang hatte er das schon vorgehabt, aber immer war ihm irgendetwas dazwischengekommen. Jetzt hatte er endlich ein bisschen Zeit und begann seine Füße zu zählen.

Aber das Tausendfüßlerleben ist hart. Als er beim 218ten Fuß war, musste er sich mit einem Sprung vor einer Haubenmeise in die Höhle retten.

Dabei wäre das gar nicht nötig gewesen, denn wie jeder weiß, sind Haubenmeisen vegetarisch gesinnt. So musste der alte Tausendfüßler ärgerlich von Neuem mit Zählen beginnen und kam bis 432, da juckte es ihn am 810ten Fuß so fürchterlich, dass er sich mit dem folgenden Dutzend daran kratzte, was ihn so verwirrte, dass er noch mal von vorn anfangen musste.

Diesmal kam er bis 511, da brachte ihm seine Frau die Schuhmacherrechnung. Wütend schmiss er das Papier zu Boden, trat es mit Füßen und ging dann wieder vor die Höhle, entschlossen, sich durch nichts mehr stören zu lassen.

Als ihn die Haubenmeise fraß (irrtümlich, das ist ja das Tragische), war er erst bei 203, und so hat er nie erfahren, wie viel Füße er eigentlich hatte.

Lasset uns beten.

DER FROSCH
UND DIE ZAHNPASTA

Es war einmal ein Frosch, der hatte immer schmutzige Zähne. Sie waren nicht nur schmutzig, sie waren richtig schwarz. Das kam davon, dass er so viele Fliegen fraß, und Fliegen sind nun einmal schwarz. Aber weil er in der Nähe eines Kohlebergwerkes wohnte, waren die Fliegen mehr als schwarz, sie waren kohlrabenschwarz. Dazu kam, dass der Frosch rasend gern schwarze Schokolade aß. Am liebsten legte er zwei Reihen Schokolade aufeinander, mit ein paar zerquetschten Fliegen dazwischen. Das nannte er sein Fliegenbrot.

Eines Tages aber bekam der Frosch fürchterliches Zahnweh, und er musste wohl oder übel zum Zahnarzt.

Dieser schaute ihm in den Mund und fragte ihn dann, ob er schwarze Fliegen fresse.

Der Frosch nickte stumm.

»Und essen Sie etwa auch schwarze Schokolade?«, fragte der Zahnarzt weiter.

»Ja-ah«, quakte der Frosch und schämte sich ein bisschen.

Der Zahnarzt gab ihm eine weiße Zahnpasta mit roten Streifen.

»Putzen Sie sich die Zähne nach jedem Essen damit, und hören Sie sofort auf mit den Fliegen und der Schokolade«, ermahnte er ihn.

Der Frosch war froh, dass der Zahnarzt nicht gebohrt hatte, hüpfte nach Hause in seinen Kohlebergwerkteich und probierte sofort die neue Zahnpasta aus.

Die schmeckte ihm so gut, dass er von jetzt an immer eine halbe Tube davon auf sein Fliegenbrot schmierte, bevor er es aufaß.

Das nützte natürlich gar nichts, und so fielen dem Frosch nach und nach alle Zähne aus.

Was meinst du?

Frösche haben gar keine Zähne?

Eben, jetzt nicht mehr.

DER PFINGSTSPATZ

Viel weniger bekannt als der Osterhase ist der Pfingstspatz. Er legt allen Leuten am Pfingstsonntag ein Grashälmlein auf den Fenstersims, eines von der Art, wie er es sonst zum Nestbau braucht. Das merkt aber nie jemand, höchstens ab und zu eine Hausfrau, die es sofort wegwischt.

Der Pfingstspatz ärgert sich jedes Jahr grün und blau über seine Erfolglosigkeit und ist sehr neidisch auf den Osterhasen, aber ich muss ehrlich sagen, das mit den Eiern finde ich auch die bessere Idee.

EIN KLARER FALL

Ein Kamin hatte Halsweh und ging zum Arzt.
Dieser leuchtete ihm mit seiner Lampe in den Schlot.
»Sagen Sie ›Aaah!‹«, befahl er.
Der Kamin, beim Versuch, »Aaah!« zu sagen, hustete nur, und eine schwarze Rußwolke legte sich um den Arzt in seinem weißen Kittel.
»Ein klarer Fall von Rußlunge«, sagte der Arzt. »Sie sollten weniger rauchen.«
»Das kann ich nicht«, sagte der Kamin. »Rauchen ist mein Beruf.«
»Mit dem Kaminfeger haben Sie's schon versucht?«, fragte der Arzt.
»Natürlich«, antwortete der Kamin, »jedes halbe Jahr. Aber es nützt nur für zwei, drei Tage. Vor allem der Winter ist schlimm.«
»Dann sollten Sie einmal einen Erholungsurlaub machen«, empfahl der Arzt und schrieb seinem Patienten sogleich einen Zettel für die Krankenkasse.
Zufrieden ging der Kamin nach Hause, packte seinen Koffer und fuhr in ein Sanatorium in den Bergen.
»Sie kommen wie gerufen«, sagte der Sanatoriumsdirektor, »gerade ist unser Kamin zusammengebrochen.«
Der Kamin vergaß, weshalb er gekommen war, und bot seine Hilfe an.

So setzte man ihn sogleich an die Stelle des kaputten Kamins auf das Dach, und bald stiegen dicke Wolken aus seinem Schlot, während sich die Leute im Sanatorium wohlig in ihren Betten rekelten.

»Wieso bin ich nur so gutmütig?«, seufzte der Kamin, als er nach einer Woche zum ersten Mal wieder husten musste.

BRIEF AN EINEN HEILIGEN

Lieber heiliger Georg,

was ich dich schon lange fragen wollte: Warum hast du eigentlich den Drachen getötet?

Du kamst doch damals in eine Stadt, in der gerade die Tochter des Königs dem Drachen geopfert werden sollte. Mit ihr zusammen gingst du vor die Stadt, und als das Untier kam, hast du es mit deinem Speer tödlich verwundet.

So weit, so gut.

Dann hat die gerettete Prinzessin dem Drachen ihren Gürtel um den Hals gelegt und ihn wie einen Hund an der Leine in die Stadt geführt.

So weit, so gut.

Sehr gut sogar.

Aber dann, lieber Heiliger, hast du den Drachen in der Stadt vor allen Leuten mit dem Schwert getötet. Hingerichtet eigentlich.

Und auf einmal tut mir der Drache leid.

Wieso hat ihn die Prinzessin nicht gezähmt? Vielleicht hätte er Hundebiskuits gefressen und hätte die Prinzessin bewacht und später ihre Kinder.

Vielleicht hätte man ihm im Zoo ein Gehege einrichten können, zwischen den Wölfen und den Eisbären. Vielleicht war der

Drache schwanger und hätte junge Drächlein zur Welt gebracht, die wiederum Junge gehabt hätten, und wir könnten sie heute noch bewundern.

Vielleicht hätte man den Drachen auch zu den armen Leuten schicken können, die frieren, und er hätte ihre Hütten mit seinem Feuerstrahl ein bisschen wärmen können.

Vielleicht hätte man mit ihm sprechen müssen.

Warum hast du nicht versucht, ihn zu streicheln, nachdem du ihn verwundet hattest?

Das wäre das größere Kunststück gewesen, als ihn umzubringen, und für dieses Kunststück hätte ich dich gern heiliggesprochen.

Ich warte jetzt, bis der Drache wieder auftaucht, und werde versuchen, ihn diesmal umzustimmen.

Wenn es mir gelingt, schreib ich dir wieder.

Wenn es mir nicht gelingt, wirst du's auch hören, dann werde *ich* wahrscheinlich heiliggesprochen. Weil ich ihn umgebracht habe. Oder er mich.

Alles Gute und herzliche Grüße,

Franz Hohler

DER KÖNIG, GANZ FÜR SICH

Ein König zog sich einmal nach dem Essen in sein hinterstes Zimmer zurück, schloss die Türen ab, machte die Läden des großen Fensters zu, und als er sich versichert hatte, dass er wirklich allein war, lockerte er seinen Gürtel, ließ die Hosen herunter und machte einen großen Furz.

Da hatte er aber Pech. Ich stand nämlich am kleinen Fenster und habe alles gesehen und erzähle es euch jetzt.

DER NEUGIERIGE PRINZ

Es war einmal ein Prinz, der war sehr neugierig.
Schon als er in der Wiege lag, verfolgte er mit den Augen den Flug jeder Hummel. Als er krabbeln konnte, ging er auf allen vieren jeder Spinne nach, bis sie sich in einer Spalte verkrochen hatte, und als er ein Knabe war, flüchtete er bei einem Unwetter nicht unter das sichere Dach, sondern ging mitten ins Gewitter hinein, weil er wissen wollte, wo der Donner herkam.
Wenn ihn seine Eltern ermahnten, seine Neugier zu zähmen, hörte er nicht auf sie und sagte bloß: »Ich will wissen, was los ist.«
So wuchs er heran, und eines Tages rief ihn sein Vater zu sich und sagte ihm, die Zeit sei nun gekommen, dass er eine Reise mache und die Welt kennenlerne, und er gab ihm einen Brief mit, in dem

er ihn dem König vom Schwarzen Meer empfahl. Die Königin schnupfte in ein großes weißes Taschentuch und bat ihren Sohn inständig, er solle unterwegs nicht allzu neugierig sein.

Der treuste Diener, Gandolfo, ging mit dem Prinzen, er ritt auf einem Rappen hinter ihm her und führte ein Maultier für das Gepäck mit sich, während der Prinz frohgemut auf seinem Schimmel das Schloss verließ, auf dessen Zinnen König und Königin standen und ihm nachwinkten, die Königin mit ihrem verweinten weißen Taschentuch und der König mit seiner Krone.

Nach einigen Tagen gelangten sie in einen großen, gebirgigen Wald, und als sie an einer Quelle eine Rast machten, hörten sie ein seltsames Ächzen und Quietschen.

»Warte hier auf mich«, sagte der Prinz zu Gandolfo, »ich will wissen, was los ist.«

Er ritt tiefer in den Wald hinein, immer dem Geräusch nach, bis er zu einem Bach kam, an dem ein alter Mann kniete, der drehte an einem Rad. Das Rad war mit einem Seil verbunden, und das Seil zog einen Wagen mit einem Korb voller Steine quietschend und ächzend über zwei Schienen hoch. War der Wagen oben angekommen, stieß der Alte eine Stange zwischen die Radspeichen, ging hinauf und leerte den Korb auf einen großen Haufen.

Der Prinz fragte den Alten, was hier los sei, und dieser sagte, er klopfe oben das Gold aus den Steinen und lege es in die kleine Hütte gleich daneben, aber lang könne er die schweren Körbe nicht mehr hinaufziehen, er werde immer schwächer.

Und wieso er das nicht alles am Bach unten mache, fragte der Prinz.

Die Hütte, sagte der Alte, stehe eben da oben.

»Ich baue dir eine Hütte am Bach unten«, sagte der Prinz, »dann brauchst du deine Seilbahn nicht mehr.«

An diese Möglichkeit hatte der alte Mann nie gedacht. Der Prinz holte nun seinen Diener, und zusammen bauten sie dem Goldwäscher am Bach eine neue Hütte, in der er sein Gold aufbewahren konnte.

Der war so dankbar, dass er dem Prinzen einen Beutel voll des feinsten Goldes gab, und das große schwere Rad durfte er als Andenken mitnehmen. Gandolfo legte es dem Maultier quer über die Gepäcktaschen.

Sie ritten weiter, Tage und Tage, und als sie einmal mitten im Wald ihr Lager aufschlagen mussten, weil sie von der Nacht überrascht wurden, hörten sie gegen Mitternacht ein grauenhaftes Geheul, das gar nicht enden wollte.

Während sich der Diener schlotternd in seinem Schlafsack zusammenrollte, sagte der Prinz: »Ich will wissen, was los ist«, zündete sich eine Fackel an und ging dem Geräusch nach.

Schließlich kam er zu einer riesigen Steingrube, die mit Gittern abgesperrt war, darin rannten unzählige Hunde bellend und jaulend hin und her, sprangen an den Gittern hoch, drehten sich um sich selbst, überschlugen sich und bissen sich gegenseitig. In einer schäbigen Hütte vor dem Gitter brannte ein Lichtlein, und ein Mann und eine Frau, beide ärmlich gekleidet, saßen darin. Der Prinz fragte sie, was hier los sei.

»Gleich kommt unser Meister«, sagten sie, »der Riese Roccastro, und füttert die Hunde.«

»Womit denn?«, fragte der Prinz.

»Er wirft ihnen ein junges Mädchen zum Fraß vor«, sagte der

Mann, und die Frau schneuzte sich in ein schmutziges schwarzes Taschentuch.

Kaum hatte der Prinz das gehört, erklang ein grässliches Lachen, und der Riese erschien. Über seiner Schulter hing ein wimmerndes Mädchen.

»Wer ist das da?«, fragte er, als er den Prinzen sah.

»Ein Bewunderer«, sagte der Prinz, »ich komme von weit her und wollte dich fragen, ob ich bei dir eine Lehre als Riese machen könnte.«

Ein Bewunderer – das hatte der Riese noch nie gehört. Bisher war ihm überall nur Hass entgegengeschlagen.

»Aha«, sagte er, »darüber lässt sich reden«, und legte das Mädchen, das gefesselt war, vor die Hütte.

»Reden können wir ein andermal«, sagte der Prinz und fuhr ihm mit der Fackel in seine Kleider, die sofort lichterloh brannten. Der Riese machte vor Schmerz einen solchen Sprung, dass er in die Hundegrube fiel und dort von seinen eigenen Hunden aufgefressen wurde.

Der Prinz löste die Fesseln der Gefangenen und gab dem Wärterpaar seinen Beutel mit dem Gold, damit sie den Hunden anständiges Futter kaufen konnten.

Dann ging er mit dem Mädchen zurück zu Gandolfo, und am nächsten Morgen ritten sie zu dritt zum Wald hinaus.

Sie erreichten nun die Burg des Königs vom Schwarzen Meer, auf der überall schwarze Fahnen flatterten. Die Prinzessin war nämlich vom üblen Riesen Roccastro entführt worden, und man befürchtete das Schlimmste.

Das Mädchen aber, das der Prinz gerettet hatte, war niemand

anderes als die Prinzessin, und groß war die Freude am Königshof, als er sie unversehrt zurückbrachte. Der König hatte bereits versprochen, dass der Retter der Prinzessin diese heiraten dürfe, und war nun höchst erfreut, dass es sich um den Prinzen eines befreundeten Königs handelte. Auch die Prinzessin war überaus angetan, und die Hochzeit wurde für den nächsten Monat verkündet, sodass Gandolfo ausgeschickt werden konnte, die Eltern des Prinzen einzuladen.

Als der Prinz im Gästezimmer der Burg zu Bett ging, hörte er von irgendwoher ein leises Jammern.

»Ich will wissen, was los ist«, sagte er sich und ging durch die Gänge des Schlosses, aber keiner davon führte ihn zu dem klagenden Geräusch.

In der nächsten Nacht erging es ihm ebenso, und als er auch in der dritten Nacht den Ursprung des Jammerns nicht fand, fragte er die Prinzessin danach.

»Das ist meine Tante«, sagte die Prinzessin, »sie ist verrückt und ist zuoberst im schwarzen Turm eingesperrt. Den Schlüssel zur Tür hat mein Vater ins Schwarze Meer geworfen.

»Und wie bekommt sie zu essen?«, fragte der Prinz.

»Mit einem Korb, den man über ein Rad hinaufzieht.«

»Gut«, sagte der Prinz, »du musst mir helfen, ich will wissen, was los ist.«

Er ersetzte heimlich das kleine Rad für den Essenskorb durch sein großes, schweres Rad. In der nächsten Nacht drehte es die Prinzessin mit ihrer ganzen Kraft, und die Tante staunte nicht schlecht, als es an ihr Fenster klopfte und ein Prinz aus dem Korb zu ihr ins Turmzimmer stieg.

»Worüber jammerst du?«, fragte der Prinz.

»Über die Toten im Schwarzen Meer«, sagte die Frau. »Mein Bruder, der König, hat die Schiffe der Feinde versenkt, die kamen, um sein Land zu erobern.«

»Es waren seine Feinde«, sagte der Prinz.

»Es waren junge Menschen«, sagte die Frau, »so jung wie du, und sie werden nie mehr dorthin zurückkehren, wo sie zu Hause waren. Ich wollte einen Garten zu ihrem Gedenken anlegen, da hat mich mein Bruder in diesen Turm gesperrt.«

Nun ließ der Prinz die Frau im Korb hinunter und ließ dem König ausrichten, er bleibe so lange im Turm, bis der Garten für die Toten vom Schwarzen Meer eingerichtet sei, eher werde er die Prinzessin nicht heiraten.

Und so wurde der Garten angelegt, nach den Plänen der Schwester des Königs, er wurde wunderschön, Blumen dufteten darin, Brunnen plätscherten, Vögel ließen sich nieder, und in der Mitte erinnerte ein großer weißer Stein an die toten Feinde.

Die Prinzessin drehte eigenhändig das schwere Rad, mit dem der Prinz vom Turm wieder herunterschwebte, die Hochzeit wurde gefeiert, und die Eltern des Prinzen, die Gandolfo geholt hatte, waren auch dabei. Die Freude war groß, und als das erste Kind des jungen Paares zur Welt kam, wurde die Schwester des Königs seine Patin.

Es war ein Mädchen, und es schaute jeder Hummel nach, die aus dem neuen Garten an seiner Wiege vorbeisummte.

DER SCHMIED UND
DER BÄCKER

*Eine Geschichte mit 7 verschiedenen Schlüssen,
einer schlimmer als der andere*

Da war also in einer kleinen dänischen Stadt ein Schmied, der war ziemlich aufbrausend und wurde schon wegen jeder Kleinigkeit ganz wild, vor allem, wenn er viel getrunken hatte. Es genügte, wenn einer zu ihm eine Bemerkung machte wie: »Du säufst ja heute wie ein Loch!« (*oder auf Dänisch: Dü süfer høden sam en løgen*). Da konnte der Schmied sofort dreinschlagen, obwohl der andere vielleicht die Wahrheit sagte. Oder gerade weil er die Wahrheit sagte, schlug der Schmied drein, denn das, was wahr ist, ertragen wir am allerschlechtesten. Trotzdem, der Schmied hätte ihm deswegen nicht mit der Faust derart ins Gesicht schlagen müssen, dass der andere hintenüber kippte und mit dem Kopf so unglücklich auf den Boden schlug, dass er sich das Genick brach.

Nun waren im alten Dänemark die Sitten sicher etwas rauer, aber totschlagen durfte man trotzdem niemanden. Der Schmied kam also vor Gericht, und da auch die Gesetze im alten Dänemark etwas härter waren, wurde er zum Tode verurteilt. Früher hieß es halt: »Aug um Auge, Zahn um Zahn« (*øge før øge, tänd før*

tänd), oder in diesem Fall eher: »Kopf um Kopf« (*køppen før køppen*).

Da kam einem der Richter ein Gedanke, der war so erschreckend, dass er ihn den andern auf der Stelle mitteilen musste.

»Meine Herren!«, rief er und schlug dabei mit der Faust auf den Tisch.

Die andern sechs fuhren zusammen und drehten ihre Köpfe verwundert, nein, erschrocken zu ihm, denn der Richter Erik, der das Wort ergriffen hatte, war sonst ein stiller und schweigsamer Mensch. Noch selten waren sie sich so einig gewesen über ein Todesurteil wie in diesem Fall, und nun hatte der stille Erik offenbar einen Einwand.

»Wenn wir den Schmied köpfen«, sagte er laut und langsam, dann haben wir keinen Schmied mehr in der Stadt, und wer macht dann die Hufeisen für unsere Pferde?« (*Wer smedet de høfesen før de røsseren?*)

Daran hatte keiner von ihnen gedacht, aber plötzlich dachten alle an nichts anderes mehr als an ihre hufeisenlosen Pferde, wie die dann herumhumpeln würden und wegen jeder Distel, auf die sie träten, aus dem Häuschen geraten würden, und sie kratzten sich in ihren Perücken, einer hob sogar seine Perücke auf und kratzte sich darunter.

Und dann schlug jeder von ihnen einen Schluss für diese Geschichte vor.

1. Schluss

Der erste Richter sagte: »Gesetz ist Gesetz, und der Schmied hat einen andern zu Tode gebracht. Also muss er selbst den Tod erleiden. Wo kämen wir hin, wenn wir jeden Mörder zuerst nach seinem Beruf fragen würden?« (*Vad de mørderen werkede – püsteküchen!*)

Und so wurde der Schmied geköpft. Da die Stadt keinen eigenen Henker hatte, musste er aus der Hauptstadt geholt werden. Zufällig war er im Hauptberuf Schmied, und es gefiel ihm so gut in der kleinen Stadt, dass er die Werkstatt des Geköpften übernahm und fortan zur Zufriedenheit aller Bürger den Pferden ihre Hufeisen schmiedete.

2. Schluss

Der zweite Richter sagte: »Gesetz ist Gesetz, darin stimme ich dem ersten Richter zu. Trotzdem braucht unsere Stadt einen Schmied, und ich schlage deshalb vor, dass wir zuerst einen neuen Schmied suchen. Erst wenn die Nachfolge geregelt ist, wird das Gesetz vollzogen.«

Sie ließen also überall verkünden, dass in der Stadt ein Schmied gesucht werde, es meldeten sich vier oder fünf, und der Verurteilte unterzog sie alle einer Prüfung.

Als er den besten ausgewählt hatte, konnte dieser seine Schmiede übernehmen, und der jähzornige Schmied wurde geköpft.

3. Schluss

Der dritte Richter sagte: »Gesetz ist Gesetz, der Mörder wird hingerichtet.« (*De mørderen werd abgekøppelt.*)

So geschah es, aber als bekannt wurde, dass die Stadt einen neuen Schmied brauchte, wollte niemand die Werkstatt des Mörders übernehmen, denn man erzählte sich, dass sein Geist jede Nacht stöhnend den Amboss herumschleppte, der dann am Morgen immer woanders stand.

Deshalb bekam die Stadt keinen neuen Schmied mehr, und wenn den Pferden ihre Hufeisen abfielen, schraubten sie die Menschen notdürftig wieder an, aber die Tiere schlugen dabei aus, und es kamen so viele Menschen durch die Hufschläge ums Leben, dass die Stadt schließlich ausstarb.

4. Schluss

Der vierte Richter sagte: »Ja, Gesetz ist schon Gesetz, aber ein Schmied ist ein Schmied, und wenn unsere Pferde keine Hufeisen bekommen, dann lahmen sie (*røsseren ane høfesen hinkede, hinkede, hinkede*). Ich schlage vor, dass unser Schmied einen Lehrling ausbilden soll, und wenn er genug gelernt hat, kann er die Nachfolge antreten, und wir köpfen den Schmied.«

Das schien allen ein vernünftiger Vorschlag zu sein, und auch der Schmied war davon ganz begeistert. Er wählte einen der ungeschicktesten jungen Burschen des Städtleins aus und nahm ihn in die Lehre. Der Bursche hätte eigentlich lieber Latein studiert, und als er nach der üblichen Lehrzeit von drei Jahren seine Meisterprüfung machen sollte, versagte er jämmerlich, denn es stellte sich heraus, dass er nicht einmal ein Hufeisen krümmen konnte.

»Das soll unser Schmied sein?«, sagten die Herren der Prüfungskommission und gaben dem Schmied den Auftrag, noch einen Lehrling auszubilden.

Wieder wählte er einen handwerklich äußerst unbegabten Burschen, und als der nach drei Jahren ein neues Gitter für das Gefängnisfenster machen sollte, wurde bloß eine Art Gartengrill daraus, und die Mitglieder der Prüfungskommission befahlen dem Meister, einen neuen Lehrling zu nehmen, den letzten, wie sie übereinstimmend sagten.

Die Prüfung mit dem letzten Lehrling wurde eine solche Katastrophe, dass die Richter fanden, dies müsse ein Wink Gottes sein, und sie beschlossen, dass der Schmied in diesen neun Jahren harter Arbeit seine Schuld abgebüßt hatte und am Leben bleiben durfte.

5. Schluss

Der fünfte Richter sagte: »Wir können den Schmied ruhig köpfen, denn zu mir ist gestern die Tochter des Totgeschlagenen gekommen, die wackere Jule, und hat mir gestanden, dass sie sich in Abendkursen zur Schmiedin ausgebildet hat. Sie kann die Werkstatt des Schmieds schon morgen übernehmen.«

Und so ließ man Gerechtigkeit walten. Der Schmied wurde geköpft, das Städtlein kam zur ersten und einzigen Schmiedin von ganz Dänemark, und die Leute kamen von weit her, um zu sehen, wie *frøken Julie kløppede, hämmerde, smedete, kløppede, hämmerde, smedete.*

6. Schluss

Der sechste Richter – das war der, der sich unter der Perücke gekratzt hatte –, der sechste Richter also sagte: »Wenn sich der Schmied bei der Familie des Opfers entschuldigt und von jetzt an für ihre Lebenskosten aufkommt, schicken wir ihn in eine Trinkerheilanstalt (*sendemer de mørderen in de süferkliniken*), und dann tut er so etwas bestimmt nicht mehr.«
Dieser Vorschlag fand allgemeine Zustimmung. Der Schmied machte eine Entziehungskur, wurde zum begeisterten Joghurtesser und ernährte fortan neben seiner eigenen Familie noch die seines Opfers und wurde wieder ein geachteter Mann, der nie mehr etwas so Niederträchtiges tat.

Und wisst ihr, wie der

7. Schluss

geht? Der 7. Schluss ist der, der in Dänemark zu dieser Geschichte erzählt wird, und er ist bei Weitem der ungerechteste von allen, er ist so ungerecht, dass ich ihn kaum zu erzählen wage, denn der schweigsame und stille Richter Erik machte gleich einen ergänzenden Vorschlag, nachdem er auf den Missstand mit dem einzigen Schmied aufmerksam gemacht hatte. Er sagte nämlich: »Wir haben doch im Städtlein zwei Bäcker, einen alten und einen jungen, und das ist eigentlich einer zu viel. Wieso köpfen wir nicht an Stelle des Schmieds einfach den alten Bäcker? Dann haben wir immer noch den jungen, der macht auch diese wunderbaren Vollkornbrötchen (*de smägelige füllkørnjesmørrebrødjes*), und unsere Pferde bekommen weiterhin ihre Hufeisen.«

Diese Idee gefiel allen außer dem alten Bäcker, von dem heißt es in der dänischen Geschichte, er *hüülede godsjämerlig*, als man ihn wegführte, aber es half ihm nichts, er wurde anstelle des andern geköpft.
Und wisst ihr, wie die Moral der Geschichte heißt? Die heißt schlicht und einfach:

»Sei immer für den Tod bereit!
Er kommt so oft schon vor der Zeit.«

Oder jetzt, wo ihr alle schon ein bisschen Dänisch könnt:

*Døder kümmer før de teiden.
Betre wär dich førbereiden.*

DER GRANITBLOCK
IM KINO

Ein Granitblock aus einem öffentlichen Park hatte lange gespart und wollte mit seinem Geld ins Kino, und zwar hatte er von einem lustigen Film gehört, »Zwei Tanten auf Abenteuer«. Er ging also an die Kasse und verlangte fünf Plätze. Zuerst wollte sie ihm die Kassiererin nicht geben, doch da sagte der Granitblock bloß »Oho«, und schon hatte er die Billette. Er hatte erste Reihe gelöst, weil er seine Brille vergessen hatte.

Als sich der Granitblock auf seine fünf Plätze setzte, krachten gleich alle Armlehnen zusammen, und dann fing das Vorprogramm an. Der Granitblock schaute interessiert zu und bestellte in der Pause zehn Eiscremes, die er sofort hinunterschluckte.

Jetzt fing der Hauptfilm an, und der Granitblock amüsierte sich sehr. Da er an Humor nicht gewöhnt war, musste er schon über jede Kleinigkeit lachen, zum Beispiel wenn eine Tante zur andern sagte: »Na, altes Haus?« Er schlug sich auf die Schenkel und lachte, dass das ganze Kino zitterte und die Leute durch die Notausgänge flüchteten.

Als dann eine Tante der andern mit dem Schirm eins über den Kopf haute, war der Granitblock nicht mehr zu halten. Er hüpfte jaulend auf und ließ sich auf seine Sessel plumpsen, die sogleich

zusammenbrachen, und damit nicht genug, stürzte er durch den Boden des Kinos in einen Keller und konnte den Rest des Films nicht mehr ansehen.

Das Kino wurde vorübergehend geschlossen, der Granitblock musste mit einem Lastwagen in seinen Park zurückgebracht werden, und heute langweilen sich schon alle Spatzen, wenn er wieder mit seiner Geschichte von den Tanten kommt und kichernd erzählt, wie eine zur andern gesagt hat: »Na, altes Haus?«

DIE VERZWEIFELTEN

Auf einem Parkplatz stand einmal ein armes Schwein, das sich auf der Suche nach Nahrung hierher verirrt hatte. Aber natürlich fand es auf dem geteerten Boden überhaupt nichts zu fressen, es standen nur lauter Autos herum.

Da traf es einen dummen Affen, der auf einer Parkuhr saß.

»Wo gibt es hier etwas zu fressen?«, fragte der dumme Affe das arme Schwein.

»Wenn ich das wüsste«, seufzte das arme Schwein.

In dem Moment hörten sie eine Glocke bimmeln. Sie gehörte einer blöden Kuh, die soeben in Erwartung fetter Gräser auf dem Parkplatz eintraf.

Da standen sie nun mit knurrenden Mägen und wussten nicht, was tun.

Aber sollen die drei verhungern, nur weil sie arm, dumm und blöd sind? Nein, nein und nochmals nein. Finden wir etwas heraus für sie! Also:

Da riss der dumme Affe die Tür eines Lieferwagens auf, das arme Schwein überbrückte mit der Klaue die Zündung, und die blöde Kuh setzte sich ans Steuer und fuhr alle in den nächsten McDonald's, wo sie sich als Inspektoren des Gesundheitsamtes ausgaben und mit prüfenden Blicken sämtliche Hamburgersorten aßen, bis sie satt waren.

Die Kinder im McDonald's waren begeistert, und ihre Eltern gaben dem Affen, der zwischen sämtlichen Tischen herumturnte, ein paar Geldstücke.

Damit gingen die drei in einen Fotoautomaten, machten ein Bild zu dritt und beschlossen, Freunde zu bleiben.

Ein Vater war den dreien nachgerannt und fragte sie, ob sie morgen zu dem Geburtstagsfest seiner Tochter kämen.

»Klar«, sagte der Affe, das Schwein grunzte, und die Kuh muhte dazu, »aber nur, wenn wir auch bei Ihnen wohnen können.«

Der Vater brachte die drei in seiner Garage unter, und sie übten die ganze Nacht, so leise sie konnten, ein dreistimmiges Lied ein. Die Überraschung war groß, als mitten im Geburtstagsfest der neunjährigen Sabina die Tür aufging und eine blöde Kuh, ein armes Schwein und ein dummer Affe hereinkamen und »Happy birthday to you!« sangen. Auch wie das arme Schwein nachher sofort den Geburtstagskuchen samt den Kerzen verschlang und der dumme Affe ein übers andere Mal in die Smarties-Schale griff und die blöde Kuh alle Milchdrinks ausprobierte, fanden die Kinder köstlich. Die Mutter eines Kindes fragte den Vater flüsternd, wo er die drei herhabe und was sie kosteten, sie würde sie gern zu einem langweiligen Gartenfest mitnehmen, zu dem sie am Wochenende eingeladen sei.

Der Vater fragte das arme Schwein, den dummen Affen und die blöde Kuh, ob es ihnen recht wäre, wenn er sie an Feste, Feiern und Partys vermitteln würde, und es war ihnen sehr recht. Also machte er mit ihrem Foto eine Website im Internet, auf der er sie als »Der große Partyknüller« anpries, richtete ihnen in seiner Garage einen kleinen Stall ein, und so zogen unsere drei Freunde von einem Fest zum andern. Überall wo sie auftraten, hatten sie großen Erfolg, und sie lebten gut und fröhlich, und dabei war es ihnen am Anfang so dreckig gegangen.

DIE SELTSAME HOCHZEIT

Ein Handstand und ein Kopfstand wollten zusammen in den Ehestand treten. Sie hatten sich in einer Badeanstalt kennengelernt und wussten sogleich, dass sie füreinander bestimmt waren. Die Hochzeit fand an einem Freitagnachmittag um halb zwei statt, und es kamen viele Gäste.

Als die beiden Verlobten die Kirche betraten – der Kopfstand mit einem eng anliegenden weißen Brautkleid und einem Kränzchen auf den Füßen –, sahen alle, dass es sich um einen Handstand und einen Kopfstand handelte, und waren etwas verwirrt. Der Pfarrer aber wusste, was Anstand war, und begann die Feier im Handstand.

Da stellten sich alle Gäste auf den Kopf oder die Hände, weil sie nicht unangenehm auffallen wollten. Der Küster brachte die Ringe, indem er sie auf den Füßen hereinbalancierte, und der Organist spielte nur ganz laut, weil er mit dem Kopf auf den Tasten stand.

Es wäre alles gut gegangen, wenn sich nicht plötzlich die Orgel gekehrt hätte und die Pfeifen heruntergekollert wären, und auch in den Pfeilern der Kirche ächzte es, das Gewölbe wälzte sich herunter, die Kanzel donnerte in den Saal, und weil sich

der Boden mit den Bänken nicht in die Luft erheben konnte, wurden alle Hochzeitsgäste verschüttet, nur der Handstand und der Kopfstand kamen davon, da sie nicht aus Fleisch und Blut waren.

Sie gingen mit zwei befreundeten Überschlägen auf die Hochzeitsreise und lebten in Gottes Namen unverheiratet zusammen.

DIE UNGLEICHEN REGENWÜRMER

Tief unter einem Sauerampferfeld lebten einmal zwei Regenwürmer und ernährten sich von Sauerampferwurzeln.

Eines Tages sagte der erste Regenwurm: »Wohlan, ich bin es satt, hier unten zu leben, ich will eine Reise machen und die Welt kennenlernen.«

Er packte sein Köfferchen und bohrte sich nach oben, und als er sah, wie die Sonne schien und der Wind über das Sauerampferfeld strich, wurde es ihm leicht ums Herz, und er schlängelte sich fröhlich zwischen den Stängeln durch. Doch er war kaum drei Fuß weit gekommen, da entdeckte ihn eine Amsel und fraß ihn auf.

Der zweite Regenwurm hingegen blieb immer in seinem Loch unter dem Boden, fraß jeden Tag seine Sauerampferwurzeln und blieb die längste Zeit am Leben.

Aber sagt mir selbst – ist das ein Leben?

MADE IN HONGKONG

»Made in Hongkong« – das habt ihr sicher schon auf einem eurer Spielzeuge gelesen. Aber wisst ihr auch, was das heißt? Also, ich will es euch erklären.

Was Maden sind, wisst ihr, so nennt man die Käfer, wenn sie noch so klein sind, dass sie wie winzige Würmer aussehen.

In einem Garten lebte einmal eine ganze Schar solcher Maden. Eine davon war besonders klein und wurde von den andern ständig ausgelacht. »Du bringst es nie zu etwas«, sagten sie immer wieder, bis die kleine Made so wütend wurde, dass sie sagte: »Ich bringe es weiter als ihr alle. Ich komme bis nach Hongkong!«, und schnell davonkroch.

»Viele Grüße!«, riefen ihr die andern nach, »und lass es uns wissen, wenn du in Hongkong angekommen bist!«

Die Made kroch zum Flughafen und konnte sich dort im Spalt einer großen Kiste verstecken. Der Zufall wollte es, dass diese Kiste nach Hongkong geflogen wurde, aber das war noch nicht alles. Die Kiste war nämlich voll Gold, und deshalb wurde sie in Hongkong auf dem Flughafen von Räubern gestohlen, die damit davonfuhren und sie in einem verlassenen Keller versteckten. Nachher wollten sie eine zweite solche Kiste rauben, wurden aber dabei von der Polizei erschossen.

Jetzt wusste niemand mehr, wo die Kiste mit dem Gold war,

außer unserer Made. Die überlegte sich, wie sie ihren Maden zu Hause mitteilen konnte, dass sie in Hongkong angekommen war. Dabei kam ihr in den Sinn, dass im Garten, wo sie lebten, ein großer Sandhaufen war, in dem viele Kinder spielten. Deshalb kaufte sie mit ihrem Gold alle Spielzeugfabriken in ganz Hongkong und befahl sofort, dass man auf jedes Spielzeug, das nach Europa verkauft wurde, die Nachricht draufdrucken musste: »Made in Hongkong«.

Ich kann euch sagen, die Maden machten große Augen, als sich die Kinder im Sandhaufen laut vorlasen, was auf ihren neuen Spielzeugen stand. »Habt ihr das gehört?«, flüsterten die Maden einander zu, »die ist tatsächlich angekommen.«

Viele von ihnen versuchten daraufhin auch, die Reise zu machen, aber keiner gelang es. Die eine flog mit einer Pendeluhr nach Amsterdam, die andere versteckte sich in einem Sandwich und wurde unterwegs aufgegessen, und die meisten kamen nicht einmal bis zum Flughafen, weil sie ihn entweder nicht fanden oder vorher von einem Vogel aufgepickt wurden.

Klein sein allein genügt eben nicht, es gehört auch noch etwas Glück dazu.

DIE MAUS
AM PFERDERENNEN

Es war einmal eine Maus, die wollte unbedingt an einem Pferderennen mitmachen.

»Schlag es dir aus dem Kopf«, sagte ihre Mutter, aber die Maus hörte nicht auf sie. Sie ließ sich mit ihren Ersparnissen einen Mäusesattel anfertigen und begann mit einem jungen Laubfrosch als Jockey zu trainieren. Wenn sie allein war, versuchte sie auch zu wie-

hern, ungeduldig hin und her zu tänzeln und mit den Vorderpfoten auf den Boden zu schlagen.

Dem Laubfrosch kaufte sie eine Schirmmütze, und an den Abenden nähte sie ihm eine Nummer, die er sich auf den Rücken binden konnte. »1« stand darauf.

Endlich war es so weit.

In einer Stadt in der Nähe wurde ein großes Pferderennen veranstaltet, und die Maus machte sich mit dem Laubfrosch auf den Weg. Da sie nicht damit rechnete, zugelassen zu werden, beschloss sie, sich erst im letzten Moment neben die Pferde zu stellen und dann überraschend zu siegen. Der Laubfrosch und sie schlichen sich also schon am Abend vorher zur Rennbahn und übernachteten in einem verlassenen Maulwurfsloch.

Den ganzen Morgen verbrachten sie unauffällig im Gras, aber als am Nachmittag die Rosse mit ihren Reitern ins Stadion kamen, schwang sich der Laubfrosch in den Sattel, und auf »Achtung!« hüpften sie rasch auf die Rennbahn, und schon knallte der Startschuss.

Der Laubfrosch erschrak so gewaltig, dass er vom Sattel fiel und sogleich mit langen Sprüngen das Weite suchte. Die Maus rannte zuerst ein paar Schritte im Getrampel der Hufe, doch als sie sah, dass sie ihren Frosch verloren hatte, sank ihr der Mut, denn ohne Jockey, das wusste sie, durfte man nicht mitmachen. Jedoch dem Unerschrockenen hilft Gott. »Wartet nur«, dachte sie, »ich werde das Rennen trotzdem gewinnen.« Sie kletterte auf die Stange, an der das Wort »Ziel« befestigt war, wartete, bis die Pferde nach der ersten Runde durchkamen, und ließ sich dann auf dasjenige fallen, das zuinnerst lief. Zwar war es das letzte von allen, aber es galoppierte so schnell, dass sich die Maus nur noch an seinem Hintern festbeißen konnte, um nicht hinunterzufallen. Da wieherte das Pferd laut auf und rannte vor Schmerz wie rasend davon, so geschwind, dass es alle andern überholte und unter dem wilden Beifall der Zuschauer als Erstes ins Ziel gelangte.

Erst weit hinter dem Zielstrich kam es zur Ruhe, als es der Jockey von der gänzlich erschöpften und durchgerüttelten Maus befreite und diese in seine Tasche steckte. In der Kabine gestand sie ihm alles und sagte auch, dass sie sich ein Pferderennen nie so schwierig vorgestellt hätte.

»Trotzdem hast du mir zum Sieg verholfen«, sagte der Jockey und ließ sich von der Maus ihre Adresse geben.

Drei Tage später wurde vor ihrem Loch ein großer Sack Weizen abgeliefert, mit einer Schleife drauf: »Der Siegerin des Pferderennens«.

Die Mutter schlug die Pfoten über dem Kopf zusammen.

»Ich kann es nicht glauben«, sagte sie ein übers andere Mal, aber sie musste es doch glauben, und die Maus hatte ihr ganzes Leben lang an dem Sack zu fressen und konnte sogar ihre Familie davon ernähren. Sie hängte sich die Schleife über ihr Bett und erzählte noch ihren Kindern, Kindeskindern und Kindeskindeskindern, wie sie in ihrer Jugend ein Pferderennen gewonnen hatte.

DIE FEINDLICHEN SCHRAUBEN

Es waren einmal zwei Schrauben, die waren am Rad eines Güterwagens befestigt. Obwohl beide dieselbe Aufgabe hatten, konnten sie sich nicht leiden und stritten dauernd miteinander.

»Du Sauschraube«, sagte die eine zur andern, »du blöde, dumme Sauschraube!«

»Was du sagst, das bist du selbst!«, gab die andere zurück.

»Blechtrottel!«

»Lackaffe!«

»Zimtzicke!«

»Blödkröte!«

Und so ging das den ganzen Tag, wenn sie irgendwo auf einem Bahnhof oder einem Abstellgleis standen und warteten.

Einzig wenn der Zug fuhr, drehten sich die Schrauben mit dem Rad so rasch, dass es ihnen die Sprache verschlug.

Eines Morgens, kurz vor der Abfahrt nach Italien, stritten sie wieder besonders heftig.

»Wenn ich nur deinen einfältigen Kopf nicht mehr sehen müsste«, sagte die eine zur andern.

»Und dann du mit deinem geschlitzten Quadratschädel?«

»Mit deiner Birne könntest du als Po auf den Karneval!«

»Gut«, sagte die andere stolz, »dann gehe ich. Es gibt schließlich noch andere Räder!«

Und als der Zug zu rollen begann, schraubte sie sich mit aller Kraft aus dem Gewinde, fiel auf der Gotthardstrecke in einen Wildbach und ertrank.

Da eine Schraube allein nicht genügte, um das Rad an der Achse zu halten, entgleiste der Güterwagen, riss den ganzen Zug mit in den Abgrund, und mit den Waggons wurde auch die Schraube dermaßen zertrümmert, dass man sie später mit den Resten des Zuges einschmolz.

Jetzt war endgültig Schluss mit Streiten.

EIN SELTENER VOGEL

Ein Nachtwächter fuhr nachts um zwölf mit dem Fahrrad über einen Fabrikhof. Auf einmal bremste er und hielt an, denn er traute seinen Ohren nicht. Was war das für ein wunderschöner Vogelgesang? Es tönte, als ob eine verzauberte Prinzessin auf der Zinne eines Schlosses Flöte spielte.

Er blieb eine Weile stehen und hörte zu. Sofort wusste er, dass das nur eine Nachtigall sein konnte. Er hatte zwar noch nie eine gehört, aber kürzlich hatte er im Fernsehen einen Film über diese seltenen Vögel gesehen. Nun zündete er mit seiner starken Taschenlampe überall in die Höhe, und schließlich entdeckte er die kleine Sängerin zuoberst auf dem Fabrikschlot.

Er kletterte die Metallsprossen des Kamins hoch, bis er oben war. Der Vogel blickte ihn erstaunt an und hörte auf zu singen.

»Hallo«, flüsterte der Nachtwächter, »ich wollte nur sagen, wie schön es ist, wenn du hier singst.«

»Danke«, sagte die Nachtigall und sang nochmals eine kleine Melodie.

»Bist du morgen wieder da?«, fragte der Nachtwächter.

»Nein«, antwortete die Nachtigall, »ich bin sonst immer in den Wäldern am Flussufer, aber heute hat es mich in die Stadt gezogen.«

»Schade«, sagte der Nachtwächter, »ich würde dich gern wieder hören.«

»Dann komm halt mit«, sagte die Nachtigall.

Wenig später wunderten sich zwei Streifenpolizisten außerordentlich, als sie einen Nachtwächter daherradeln sahen, von dessen Schulter eine Nachtigall flötete.

Am andern Abend wunderten sich die Einsatzleiter in der Nachtwächterzentrale noch mehr, als sich der Wächter Arnold, der sonst immer pünktlich war, nicht zum Dienst meldete. Sie riefen ihn zu Hause an, aber niemand nahm das Telefon ab, weder an diesem Abend noch am nächsten oder am übernächsten, und nie wieder hörte jemand etwas von ihm.

Übers Jahr jedoch berichteten Leute, welche die Vögel beobachteten, etwas Eigenartiges. Unter den Nachtigallen am Flussufer, sagten sie, hätten sie welche gesehen, die hätten die Farbe einer Uniform, trügen auf ihrem Kopf ein winziges Mützchen, und sie sängen besonders schön.

DER SCHATZ VON ZÜRICH

In Zürich ist kürzlich etwas Seltsames passiert. Da half ein zwölfjähriger Junge seiner Großmutter beim Aufräumen. Die Großmutter bewohnte den obersten Stock eines Altstadthauses und zog nun ins Altersheim um, weil sie die Treppen nicht mehr hochgehen konnte und nirgends eine Wohnung im Erdgeschoss fand. So musste sie sich von vielem trennen, was ihr lieb geworden war, von ihrer großen Standuhr, von ihrem großen Radioapparat und von ihrem großen Nussbaumtisch zum Beispiel, und ihr Enkel half ihr dabei.

Für die großen Dinge, die zum Trödler kommen sollten, war ein Lieferwagen bestellt. Steff, der Enkel, hatte seinen Freund Stöff mitgenommen, und zusammen trugen sie nun die großen Dinge das Treppenhaus hinunter, vier Stockwerke, zuerst den Radioapparat, danach den Nussbaumtisch, mit dem sie unterwegs eine Topfpalme auf einem Treppenabsatz umwarfen, und dann packten sie die große Standuhr an. In dem Moment passierte etwas Merkwürdiges. Als Steff die Standuhr hinten anfasste, da fiel ein Stück locker gewordenes Sperrholz heraus, und hinter diesem Holzstück her fiel ein zusammengerolltes Pergament auf den Boden. Erstaunt hob Stöff das Pergament auf und überreichte es Steffs Großmutter. Diese entrollte es, und was stand darauf geschrieben?

Die Schrift war so alt, dass sie nur die Großmutter lesen konnte: »Wo ich die Truhe mit den Golddukaten vergruob.«

Und als die Großmutter auch noch die Unterschrift entziffert hatte, rief sie laut, das müsse ihr Urgroßvater gewesen sein, der noch als Söldner bei den Franzosen gedient habe. Sie holte ein verstaubtes Album und zeigte den Buben das allererste Foto darin. Es war gelbbraun und stockfleckig und zeigte einen grimmigen Mann in einer Soldatenuniform. Von ihm, so sagte die Großmutter, habe es immer geheißen, er habe all sein Geld irgendwo vergraben.

Und wo er es vergraben hatte, stand nun eben auf diesem Pergament. Der Urgroßvater der Großmutter hatte nämlich einen Plan gezeichnet, darauf sah man den Ausfluss des Sees in die Limmat. Daneben stand: »2000 Schritt am Westufer flussabwärts«, dann war ein Baum eingezeichnet, unter dem stand »Bluotbuoch«, und dazu ein Pfeil: »150 Schritte südwestlich«. Und am Pergament hing, mit einer Schnur befestigt, ein rostiger kleiner Schlüssel.

Nun wurden die beiden Jungen ganz aufgeregt.

»Omi!«, rief Steff, dem schon die Knie zitterten vor Abenteuerlust, »was ist Bluotbuoch?«

»Schrei nicht so«, sagte seine Großmutter.

»Ja, aber was ist Bluotbuoch?«, schrie Steff.

»Eine Blutbuche, du Esel«, sagte Stöff, der etwas kaltblütiger war. Aber es war ja auch nicht sein Urururgroßvater. Und die Großmutter fügte hinzu, das sei ein Baum mit dunkelroten Blättern.

Also, geschehen ist dann Folgendes: Die zwei trugen die Standuhr zum Lieferwagen hinunter und rannten sogleich mit dem Plan zum Ausfluss des Sees in den Fluss, der eben Limmat hieß und immer noch heißt, und versuchten, 2000 Schritte am Ufer entlang zu machen. Steff zählte jeden Schritt an den Fingern ab, nach zehn Schritten blieben sie jeweils stehen, und Stöff machte mit einem Bleistiftstummel einen Strich auf ein Papiertaschentuch. Geradeausgehen ist nicht so leicht, wie es klingt.

Viele entgegenkommende Menschen mussten den beiden ausweichen, Mütter mit kleinen Kindern an der Hand, Männer mit Aktentaschen, Postboten mit ihren Handwagen, einmal gingen sie sogar unbeirrt mitten durch eine Gruppe japanischer Touristen hindurch, die gerade das Großmünster auf der andern Seite des Flusses fotografierten. Ein anderes Mal warfen sie einen Kleiderständer vor einem Modegeschäft um, aber der war selbst schuld, dass er mitten im Weg stand, der auf ihrem Plan eingezeichnet war.

Doch wer beschreibt das Erstaunen unserer zwei Schatzsucher, als sie nach ungefähr 2000 Schritten eine riesige alte Blutbuche am Flussufer sahen, zwischen dem Landesmuseum und der Haltestelle für die Limmatschifffahrt? Steff und Stöff schauten sich an. »Das ist der Baum«, sagte Stöff ganz andächtig, und Steff nickte stumm.

Dann fragten sie einen zufällig des Weges kommenden Pfadfinder, ob er einen Kompass habe, und da ein Pfadfinder immer einen Kompass hat, konnte er ihnen genau sagen, wo Südwesten war, nämlich schräg über die große Straße zum Hauptbahnhof. Verschiedene Autos mussten ziemlich scharf abbremsen, als die beiden Zwölfjährigen mit dem Pergament in der Hand mit gut abgemessenen Schritten quer durch den Verkehr auf die hintere Ecke des Hauptbahnhofs zugingen und alle zehn Schritte stehen blieben, weil Stöff sich mit dem Bleistiftstummel ein Strichlein auf sein Papiertaschentuch machte. Beim Hauptbahnhof überstiegen sie sogar einmal eine abgesperrte Baustelle, schließlich ging es hier um eine Schatzsuche.

Als sie 100 Schritte hinter sich hatten, standen sie vor einer Rolltreppe, die sie hinuntergehen sollten. Das war nicht ganz einfach, weil die Rolltreppe hinauffuhr, ihnen entgegen, und etliche Leute mit Koffern und Handtaschen standen darauf. Aber die zwei rannten so schnell sie konnten über alle Gepäckstücke, die ihnen entgegenkamen, hinunter und hörten gar nicht hin, was ihnen alles nachgerufen wurde, bis sie zuletzt im großen Untergeschoss des Zürcher Hauptbahnhofs standen.

Wie viel Schritte sie jetzt hätten, fragte Steff. Aber Stöff stand mit verzerrtem Gesicht neben ihm, es riss ihm, ob er wollte oder nicht, den Mund auf, und er musste fürchterlich niesen, in sein Papiertaschentuch hinein, in das er sich nachher auch noch kräftig schnäuzte. Erst jetzt merkte er, dass das ja sein Notizbuch gewesen war, aber als ihn Steff deswegen beschimpfen wollte, zeigte er zu den Schließfächern hinüber. Dort musste es sein.

Sie sahen sofort, um welches der Fächer es sich handelte. Alle waren nämlich blitzblank und nigelnagelneu, außer das unterste

rechts außen. Dieses war durch und durch mit Moos überzogen, und auch das Schloss war ganz anders.

Es war so, dass der Schlüssel, der am Pergament hing, genau hineinpasste.

Ächzend öffnete sich die rostige Türe des Schließfachs, und darin lag eine kleine Truhe, auch sie mit Moos überwachsen, aber mit zwei silbernen Griffen versehen, die ihren Dienst durchaus noch taten.

Steff und Stöff zögerten nicht lange. Sie packten die Truhe, die ungewöhnlich schwer war, und stellten sie auf den Boden. Als sie versuchten, sie mit dem kleinen rostigen Schlüssel zu öffnen, blickte ein Herr mit einem grauen Koffer so neugierig auf die Truhe, dass sie diese kurz entschlossen aufhoben, Steff am linken und Stöff am rechten Griff, und damit die Rolltreppe hochfuhren, diesmal in der richtigen Richtung, und mit der Tram Nr. 4 zu Stöffs Großmutter zurückkehrten.

»So, habt ihr den Schatz?«, rief diese im Scherz, als sie die zwei das Treppenhaus heraufkeuchen hörte.

»Klar!«, rief Steff, »auf deinen Urgroßvater kann man sich verlassen.«

Die Großmutter konnte fast nicht glauben, was ihr die beiden Schatzsucher erzählten, und alle drei trauten ihren Augen nicht, als sie die Truhe mit dem rostigen kleinen Schlüssel öffneten, denn sie war bis zum Rand mit Gold gefüllt.

Aber was noch erstaunlicher war: Als Steff und Stöff später am Tag nochmals ins Untergeschoss des Hauptbahnhofs gingen, sahen alle Schließfächer gleich aus, neu und sauber durchnummeriert von 1000 bis 1250.

Nachher gingen sie in ein Café und bestellten zu einer heißen Schokolade die verschiedensten Kuchenstücke, alle mit Schlagsahne, und als die Kellnerin fragte, ob sie das auch bezahlen könnten, legten sie ein Goldstücklein hin und ließen sich noch mal so viel dazugeben. Dann fuhren sie mit rahmverschmierten Mündern die Rolltreppe hoch und schauten sich ein letztes Mal nach der Schließfachwand um, die so normal aussah wie eh und je.
Tja, so etwas passiert eben nicht alle Tage. Manchen passiert das nur einmal im Leben, und andern, wie mir zum Beispiel, überhaupt nie.

EIN SCHÖNER NACHMITTAG

Eine Badewanne und eine Hausapotheke hatten ihren freien Nachmittag und machten zusammen einen Spaziergang. Nach einer Weile wurden sie müde und beschlossen, in ein Café zu gehen, das sich in der Nähe befand. Sie setzten sich an einen Tisch, und die Hausapotheke bestellte zwei Tee mit Zitrone und für jedes einen Apfelkuchen. Den Tee fand die Badewanne nicht besonders gut, aber als sie den Apfelkuchen hinunterschluckte, war sie ganz begeistert und flüsterte der Hausapotheke etwas zu. Diese winkte dem Kellner und bestellte alle Apfelkuchen, die noch da waren. Als er sie gebracht hatte, schluckte die Badewanne einen nach dem andern hinunter, bis das ganze Tablett leer war.

»So«, sagte sie zufrieden, »und jetzt gehen wir nach Hause.«

Da kam der Kellner mit einer Rechnung für 2 Tee und 15 Apfelkuchen, aber weder die Hausapotheke noch die Badewanne hatte Geld.

»Dann«, sagte der Kellner, »müssen Sie hierbleiben, bis die Rechnung bezahlt ist.«

»Das kommt gar nicht infrage«, sagte die Badewanne, zog ihre Dusche hervor, spritzte den Kellner von oben bis unten nass und

ließ sie so lange laufen, bis das ganze Café ein einziger See war und die Tische und Stühle im Wasser herumschwammen.

Dann gingen die Hausapotheke und die Badewanne nach Hause, und beide fanden, einen so schönen Nachmittag hätten sie schon lange nicht mehr gehabt.

DER VERKÄUFER UND DER ELCH

Kennt ihr das Sprichwort »dem Elch eine Gasmaske verkaufen«? Das sagt man im Norden von jemandem, der sehr tüchtig ist, und ich möchte jetzt erzählen, wie es zu diesem Sprichwort gekommen ist.

Es gab einmal einen Verkäufer, der war dafür berühmt, dass er allen alles verkaufen konnte. Er hatte schon einem Zahnarzt eine Zahnbürste verkauft, einem Bäcker ein Brot und einem Obstbauern eine Kiste Äpfel.

»Ein wirklich guter Verkäufer bist du aber erst«, sagten seine Freunde zu ihm, »wenn du einem Elch eine Gasmaske verkaufst.«

Da ging der Verkäufer so weit nach Norden, bis er in einen Wald kam, in dem nur Elche wohnten.

»Guten Tag«, sagte er zum ersten Elch, den er traf, »Sie brauchen bestimmt eine Gasmaske.«

»Wozu?«, fragte der Elch. »Die Luft ist gut hier.«

»Alle haben heutzutage eine Gasmaske«, sagte der Verkäufer.

»Es tut mir leid«, sagte der Elch, »aber ich brauche keine.«

»Warten Sie nur«, sagte der Verkäufer, »Sie brauchen schon noch eine.« Und wenig später begann er mitten in dem Wald, in dem nur Elche wohnten, eine Fabrik zu bauen.

»Bist du wahnsinnig?«, fragten seine Freunde.

»Nein«, sagte er, »ich will nur dem Elch eine Gasmaske verkaufen.«

Als die Fabrik fertig war, stiegen so viel giftige Abgase aus dem Schornstein, dass der Elch bald zum Verkäufer kam und zu ihm sagte: »Jetzt brauche ich eine Gasmaske.«

»Das habe ich gedacht«, sagte der Verkäufer und verkaufte ihm sofort eine. »Qualitätsware!«, sagte er lustig.

»Die andern Elche«, sagte der Elch, »brauchen jetzt auch Gasmasken. Hast du noch mehr?« (Elche kennen die Höflichkeitsform mit »Sie« nicht.)

»Da habt ihr Glück«, sagte der Verkäufer, »ich habe noch Tausende.«

»Übrigens«, fragte der Elch, »was machst du in deiner Fabrik?«

»Gasmasken«, sagte der Verkäufer.

EINE WILDE NACHT

Anina war zehn, und sie kannte den Weg vom Kinderzimmer auf die Toilette fast im Schlaf. Das war auch nötig, weil sie manchmal nachts erwachte und unbedingt schnell hinausmusste. Die Tür ihres Zimmers stand gewöhnlich einen Spalt offen. Im Vorraum brannte das Nachtlicht, und so war es genügend hell, damit sie die Tür fand und zum Badezimmer gehen konnte, am Telefontischchen und an der Garderobe vorbei. Wenn sie fertig war, drückte sie die Spültaste, sprang ganz schnell wieder ins Zimmer zurück und verkroch sich unter der Decke, denn vor dem gurgelnden Geräusch fürchtete sic sich ein bisschen. Warum, wusste sie eigentlich nicht. Sie hatte einfach das Gefühl, im Wasserstrudel, der ins Loch hinuntergesogen wurde, lauere irgendeine unbekannte Gefahr.

Aber wie so oft lauerte die Gefahr ganz woanders.

Eines Nachts, als Anina auf dem Weg zur Toilette am Telefontischchen vorbeiging, hörte sie etwas wie ein leises Fauchen. In ihrem Halbschlaf beachtete sie es kaum, es kam ohnehin von ziemlich weit weg. Erst auf dem Rückweg ins Kinderzimmer sah sie, woher es kam: Unter dem Telefontischchen wurden die alten Zeitungen für die Papiersammlung aufbewahrt. Dieser Zeitungshaufen begann sich jetzt zu bewegen, und aus ihm kam das Geräusch. Auf einmal fielen die Zeitungen links und rechts und vorn und hinten auf den Boden, und unter dem Telefontischchen hervor kroch gruchsend und schnaubend ein Krokodil.

Anina war vor Schreck wie versteinert. Mit weit aufgerissenen Augen schaute sie zu, wie sich das Krokodil ganz aus den Zeitungen herauswand und sich langsam in der Wohnung umsah. Es schien direkt aus dem Wasser zu kommen, denn es tropfte am ganzen Körper, und wo es hintrat, wurde der Teppich unter ihm klatschnass.

Gleich kommen meine Eltern aus dem Schlafzimmer, dachte Anina. Im selben Moment fiel ihr ein, dass die Eltern heute ausgegangen waren. Aber vielleicht waren sie schon wieder da? Das Krokodil wiegte seinen Kopf hin und her und ließ dazu ein Zischen hören.

Als das Tier dann mit kleinen Schritten langsam in die Küche kroch, huschte Anina ins Schlafzimmer, und dort sah es genauso aus, wie sie befürchtet hatte: Die Betten ihrer Eltern waren unberührt, also war sie allein in der Wohnung. Und nicht nur das – die Leute im unteren Stock waren vor zwei Tagen in die Ferien verreist, also war sie allein im ganzen Haus.

Anina schluckte leer. In diesem Moment tauchte am Brücheneingang die Schnauze des Krokodils wieder auf, diese Schnauze mit den furchtbar langen Zahnreihen. Die Polizei, dachte Anina. Sie stand auf der Schwelle des Elternschlafzimmers, hob vorsichtig den Telefonhörer ab, immer das Tier im Auge behaltend, und wählte die rettende Nummer 117. Als sich eine Männerstimme mit »Wache, Leuthard« meldete, flüsterte Anina, sie sollten bitte in die Sonneggstraße 41 kommen, es sei ein Krokodil in der Wohnung. »So, so«, sagte die Wache Leuthard, »und vielleicht noch

eine Giraffe. Kleine Mädchen gehören ins Bett um diese Zeit, gell«, und hängte wieder auf.

Anina kamen die Tränen vor Wut und Verzweiflung. Sie wünschte dem Polizisten ein Krokodil auf seine Wache, eines, das genauso heimtückisch aussah und langsam den langen Schwanz hin- und herbewegte. Davon hatte Anina im »Tier« gelesen, wie die Krokodile mit den Schwänzen über das Wasser peitschen, wenn sie Feinde vertreiben wollen oder angreifen, oder wie war das, und als nun ihr Blick auf die letzte »Tier«-Nummer fiel, die genau vor ihren Füßen bei den alten Zeitungen lag, erschrak sie schon wieder. Das Titelbild, auf dem ein großes Krokodil abgebildet gewesen war, war leer, und man sah nichts als ein Flussufer.

Anina bückte sich und las die Zeitschrift auf. Da schlug das Krokodil so heftig mit dem Schwanz aus, dass die große Bodenvase zersplitterte und alle Sonnenblumen auf den Teppich fielen. Mit einem raschen Sprung war Anina im Elternschlafzimmer. Sie knallte die Tür zu, packte eines der beiden Betten und stieß es gegen die Tür. Damit hatte sie eine Barrikade gebaut, die eigentlich krokodilsicher sein sollte. Erleichtert atmete sie auf. Hier würde sie warten, bis Mami und Papi zurückkamen.

Doch dann stutzte sie. Wenn nun dieses Raubtier einfach auf der Lauer blieb, um die Eltern aufzufressen, wenn sie hereinkämen? Wie könnte sie ihre Eltern warnen? Vielleicht müsste man dem Krokodil etwas zu fressen geben, damit es keinen Hunger mehr hatte? War es nicht zuerst in die Küche gegangen?

Anina schaute noch einmal auf die Tierzeitschrift, die sie in ihren Händen hielt. Wenn das Krokodil aus irgendeinem Grund aus diesem Bild gekrochen war, dann konnten das vielleicht auch andere Tiere. Anina blätterte hastig in der Zeitschrift, und ihr Blick blieb an einem Schwarm Flamingos in einem Urwaldsumpf hängen. »Das sind die Richtigen«, dachte sie, »die sehen aus wie Geburtstagstorten für Krokodile.« In diesem Augenblick krachte es, und die Schwanzspitze des Krokodils drang durch die splitternde Schlafzimmertür.

Anina hielt das Bild des Flamingoschwarms gegen das Loch in der Türe und rief, so laut sie konnte: »Raus aus dem Sumpf! Husch! Husch!« Dann warf sie die Zeitschrift in den Vorraum, klatschte dazu in die Hände und schrie und johlte.

Was danach passierte, konnte sie fast nicht glauben. Der ganze Vorraum war plötzlich voll kreischender Flamingos, die wie wild umherflatterten und mit ihren Stelzschritten überall hingingen. Anina sah einen Vogel mit einer Sonnenblume im Schnabel, und ein anderer holte sich den Hut ihrer Mutter an der Garderobe. Einen aber sah sie, der verschwand in der Schnauze des Krokodils. Mit zwei raschen Bissen hatte dieses den Flamingo geschnappt, und einem zweiten erging es ebenso, es war der mit der Sonnenblume im Schnabel.

Nach zwei Flamingo-Portionen schien das Krokodil genug zu haben und legte sich zufrieden mitten in den Vorraum. Als es die Augen geschlossen hatte und sich nicht mehr bewegte, schlüpfte Anina durch den Türspalt hinaus und legte ihm das leere Titelbild der Tierzeitschrift vor die Nase. »Bitte«, flüsterte sie, »bitte, geh wieder nach Hause!«

Sie schlich zurück ins Schlafzimmer, und als sie zum Loch hinausguckte, sah sie ein Krokodil auf der Titelseite des Heftes, und dort, wo es soeben noch gelegen hatte, war nur ein großer nasser Fleck.

Behutsam ging sie nun ins Wohnzimmer, wo sich die Flamingos um die Polstergruppe drängten und auf dem Fernsehapparat standen, der aussah wie ein Vogelfelsen, denn sie hatten ihn vor lauter Angst schon vollgeschissen. Anina schlug das Heft auf und legte ihnen die Seite mit dem leeren Bild hin. »Danke«, sagte sie, »vielen Dank, ihr dürft wieder heim in euren Sumpf.«

Als Aninas Eltern um drei Uhr früh nach Hause kamen und ihre Tochter weckten, die im Elternzimmer im Bett direkt hinter der zersplitterten Tür schlief, war es für Anina sehr schwer zu erzählen, was geschehen war, und die Eltern wollten es auch dann nicht verstehen, als ihnen Anina auf dem Bild mit den Flamingos im Urwald den Vogel zeigte, der ganz deutlich den Hut der Mutter im Schnabel hatte, den Hut, der an der Garderobe nicht mehr zu finden war. Erwachsene sind manchmal so uneinsichtig und haben keine Ahnung, was es alles gibt im Leben, vor allem nachts.

DER MANN MIT DER BRAUNEN MÜTZE

Ein Mann mit einer braunen Mütze ging kürzlich durch die Stadt. Beim Hauptbahnhof blieb er eine Weile stehen und schaute den Leuten zu, die mit Koffern, Mappen und Taschen durch das Hauptportal hinein- und hinausgingen. Plötzlich rief er sehr laut: »So, so!« Dann ging er weiter.

Er betrat ein großes Warenhaus, das kein einziges Fenster hatte, und ließ sich zwischen Frauen, die in Halstüchern wühlten, und Männern, die einen neuen Wein probierten, zum Fuß der Rolltreppe schubsen. Er schaute eine Weile zu, wie sich die Leute auf der einen Treppe unbeladen hinauf- und auf der andern Treppe schwer beladen hinunterfahren ließen, und rief auf einmal sehr laut: »So, so!« Dann ging er schnell hinaus und marschierte weiter. Bald kam er zu einer Autounterführung, durch die man auch auf einem schmalen, von der Straße mit einem Geländer abgetrennten Fußgängersteg gehen konnte. In der Mitte der Unterführung blieb der Mann mit der braunen Mütze stehen und schaute eine Weile zu, wie Dutzende von Autos in die eine Richtung flitzten und Dutzende von Autos in die andere Richtung. Schließlich rief er sehr laut: »So, so!«, und ging weiter, während das Echo seines Ausrufs vom Motorenlärm verschluckt wurde.

Am Ausgang der Unterführung stand ein großes Hochhaus mit vielen blauen Fenstern. Die Fenster waren alle geschlossen, und man sah auch nicht, was in diesem Haus gemacht wurde, weil die Scheiben so stark spiegelten, dass man in ihnen nur den Himmel und die Wolken erblickte. Der Mann mit der braunen Mütze wartete eine Weile, ob vielleicht irgendwo ein Fenster aufgehe. Es ging aber keins auf. Da rief er sehr laut: »So, so!« Dann ging er weiter.

Er erreichte einen schönen Park am See, in dem viele Leute langsam hin und her gingen, sich auf rot gemalte Bänke setzten und den andern Leuten zuschauten, wie sie hin und her gingen. Mütter und Großmütter stießen Kinderwagen vor sich her, ältere Männer warfen den Tauben kleine Brotreste hin, Kinder, die schon laufen konnten, rannten in die Taubenschwärme hinein und ließen sie aufflattern, und am Seeufer gab es große Steinplatten, auf denen junge Leute saßen und Gitarre spielten oder einander liebkosten. In der Mitte des Parks stand ein Denkmal von einem Adler und einem nackten Jüngling, der die rechte Hand zum Adler hielt und mit der linken in den Himmel zeigte. Unter dieses Denkmal stellte sich der Mann mit der braunen Mütze, schaute den Leuten eine Weile zu und rief dann, so laut er konnte: »So, so!« Einige blieben nun stehen und warteten, ob ihnen der Mann noch etwas sagen wollte, aber er sagte nichts mehr und ging rasch weiter.

Als er zur Hauptwache kam, vor der eine Menge Autos mit roten Streifen und blauen Dachlichtern parkiert waren, stellte er sich vor dem Eingang auf und rief, ohne zu zögern: »So, so!«

Er wurde sofort von zwei Polizisten festgenommen und in das

Gebäude geführt. Dort befragte man ihn ausführlich, suchte ihn auch nach Waffen ab, und erst als die Polizisten ganz sicher waren, dass er nichts anderes im Sinn hatte, als einfach »So, so!« zu rufen, gingen sie mit ihm wieder vor das Gebäude und sagten: »Wir haben es zwar nicht gern, wenn Sie ›So, so!‹ rufen, aber verboten ist es leider nicht. Darum lassen wir Sie jetzt wieder laufen.«

Und wisst ihr, was er darauf gesagt hat, der Mann mit der braunen Mütze?

Ja, genau das.

ABMAGERN

Eine Fettcreme wollte abnehmen und versuchte alles, was ihr eine Nasensalbe empfohlen hatte. Sie machte Kniebeugen und Liegestütze, stemmte jeden Tag kleine Hanteln in die Höhe und rannte bis zur Erschöpfung kreuz und quer durchs Badezimmer. Aber abends auf der Waage kam die große Enttäuschung: Sie wog kein einziges Gramm weniger als am Morgen.

Auf dem Tiefpunkt ihrer Stimmung griff eine Frauenhand nach ihr und begann die Creme über Arme und Beine zu verteilen. Am Abend zeigte die Waage 4 g weniger an, und die Fettcreme fühlte sich erleichtert und war sehr zufrieden.

So ging es von nun an jeden Tag weiter. Die Fettcreme wurde immer schlanker und teilte der Nasensalbe fortlaufend ihre Fortschritte im Abnehmen mit.

Kurz bevor sie vollständig aufgebraucht wurde, sagte sie zur Nasensalbe, jetzt sei es ihr so wohl wie noch nie, und tags darauf presste die Frauenhand die letzte Portion aus der Tube und warf sie weg.

»Tja«, sagte die Nasensalbe, »mit dem Abnehmen darf man eben nicht übertreiben.«

Ein Niesen ertönte, und eine Frauenhand griff nach ihr.

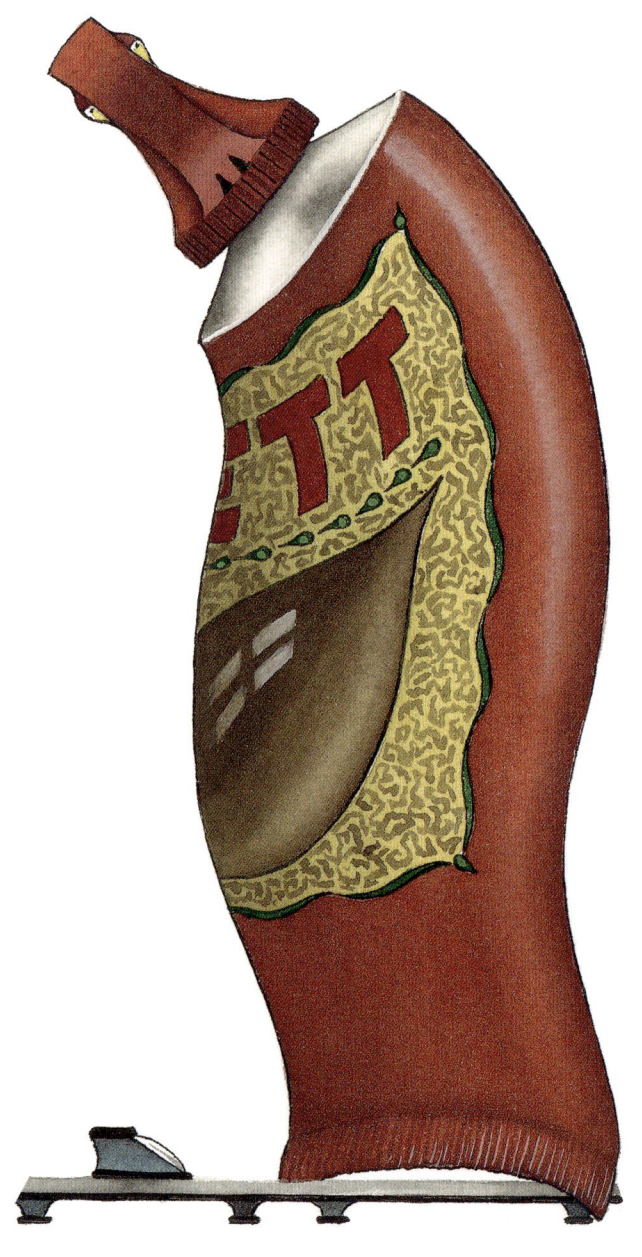

DER SCHLECHTE ESSER

Ein Bub, könnt ihr euch das vorstellen, ein Bub aß nur das, was er gernhatte. Sobald er etwas nicht mochte, sagte er: »Das schmeckt mir nicht«, und ließ es stehen.

Den Eltern passte das gar nicht. »Man isst, was auf den Tisch kommt«, sagten sie, aber dem Buben war das egal. »Ich esse, was mir schmeckt«, sagte er, und dabei blieb er. Er hieß übrigens Fredy.

Das machte ihn natürlich nicht gerade beliebt. Wenn sie zum Beispiel mit der Klasse auf der Schulreise waren, aß er als Einziger den Kartoffelsalat im Bahnhofsrestaurant nicht auf, oder in den Ferienlagern wies er zusammengeklebte Nudeln auch dann zurück, wenn er zur Strafe abtrocknen musste.

Wenn Fredy später, als er groß war und sich Alfred nannte, irgendwohin zu Besuch ging, war er immer ein gefürchteter Gast, denn normalerweise lassen sich Gäste nichts anmerken, wenn ihnen eine Speise nicht mundet, sie schaufeln sogar umso mehr davon hinein, damit der Gastgeber ja nicht merkt, wie ungern sie sie haben. Nur er war imstande zu sagen: »Das schmeckt mir nicht«, und ein ganzes Gericht zum Schrecken der Hausfrau einfach stehen zu lassen.

Trotzdem kam Fredy ganz gut durch im Leben, sehr gut sogar. Bei einer Klassenzusammenkunft nach dreißig Jahren, zu der ein

Schulkamerad eingeladen hatte, der jetzt ein Bahnhofsrestaurant besaß, war Fredy der Einzige, der den Kartoffelsalat nicht anrührte. »Der schmeckt mir nicht«, sagte er kühl und stellte ihn zur Seite.

Die andern lachten ihn aus, weil er sich gar nicht verändert hatte, und würgten den Kartoffelsalat, der sie alle seltsam widerlich dünkte, aus Anstand hinunter.

Das hätten sie aber besser nicht getan, denn der Koch hatte das Speiseöl mit einem giftigen Maschinenöl verwechselt, und alle starben daran, außer Fredy, der sich darüber nicht wunderte.

»Seht ihr«, sagte er noch am selben Abend beim Essen zu seinen Kindern, »ich esse eben nur, was mir schmeckt – aber merkt euch, die Schokoladencreme kriegt ihr erst, wenn ihr diese herrlichen Bohnen aufgegessen habt!«

DER OFFENE KÜHLSCHRANK

Ein Mann suchte einmal in seinem Kühlschrank ein Himbeer-Joghurt, aber er fand keins. Enttäuscht ging er zur Küche hinaus und vergaß dabei, den Kühlschrank zu schließen.
Sosehr der Kühlschrank auch kühlte, in seinem Innern wurde es immer wärmer, und nach einer Weile lief ein kleines Bächlein unten aus ihm heraus.
»Das ist ja nicht auszuhalten!«, stöhnten die Haselnuss-Joghurts.
»Ist das ein Kühlschrank oder ein Kachelofen?«, giftelten die Schweinswürstchen.
»Wie soll man hier noch frisch bleiben?«, ächzte ein Emmentaler Käse, der schon aus allen Löchern tropfte.
»Mir reicht's«, sagte ein Joghurt nature, »ich gehe!«
»Wohin denn?«, fragten die Würstchen.
»In die Natur«, sagte das Joghurt nature.
»Ich komme mit!«, rief ein Bio-Krachsalat.
»Wir auch!«, riefen die Haselnuss-Joghurts, die Schweinswürstchen, der Emmentaler Käse, die Butter und die zwei Milchpackungen, und auch die Eier und die Tomaten nickten entschlossen. Ein Bier, das vor Wut schäumte, schloss sich ebenfalls an, nur die Essiggurken, die Silberzwiebelchen und die Oliven blieben in ihren Gläsern und glotzten den andern blöd und träge nach.
Die hüpften nun alle zum Kühlschrank hinaus und zogen, ange-

führt vom Joghurt nature, wie eine kleine, feuchte Karawane ins Wohnzimmer. Bald hatten sie die Topfpalme neben dem Sofa erreicht.

»So!«, rief das Joghurt nature, »im Schatten dieser Palme lassen wir es uns wohl sein!« Alle ließen sich nun auf dem Teppich am Fuß der Zimmerpalme nieder und genossen die Aussicht auf die Sofalehne, die Stuhlbeine, den Glastisch und den Fernsehapparat. Überall, wo sie saßen, gab es nasse Flecken.

Aber es ging nicht lange, da sagte der Emmentaler Käse: »Mir ist so heiß.«

»Ja«, sagten die Würstchen, »es ist hier überhaupt nicht kälter als im Kühlschrank«, und den beiden Milchpackungen rannen große Tropfen über ihre Aufschrift hinunter.

»Also gut!«, rief da das Joghurt, »wir verlassen dieses Haus!«, und sie erhoben sich und gingen alle zusammen das Treppenhaus hinunter zur Tür hinaus und standen nun auf der Straße.

Da es Sommer war, schlug ihnen eine große Hitze entgegen.

»Es ist heißer als in einer Kuh«, sagte eine Milchpackung zur andern.

»Ich schwitze«, sagte der Krachsalat laut.

»Ich schmelze«, sagte die Butter leise.

»Uns wird ganz schwabblig«, sagten die Eier, die Tomaten liefen rot an, und das Bier schäumte stumm vor sich hin.

»Gut«, sagte das Joghurt nature, »dann halt zurück in den Kühlschrank.«

Aber hinter ihnen war die Haustür ins Schloss gefallen, und da standen sie und wussten nicht ein noch aus.

In dem Moment kam der Mann zurück, der sich im Milchladen ein paar Himbeer-Joghurts gekauft hatte, und traf fast den ganzen Inhalt seines Kühlschranks vor der Haustüre an.

»Was macht ihr denn da?«, fragte er erstaunt.

»Ein bisschen frische Luft schnappen«, hüstelte das Joghurt nature.

»Wird ja wohl noch erlaubt sein«, sagten die Schweinswürstchen frech, und die andern schauten verlegen zu Boden.

»Na dann«, sagte der Mann, packte die Joghurts, den Emmentaler, die Würstchen, die Eier, die Tomaten, den Krachsalat, die Butter, die Milch und das Bier in seine Tasche, trug sie hinauf, stellte sie eins nach dem andern in den Eisschrank und schloss die Tür, und bald strömten wieder herrlich kühle Luftzüge um unsere Abenteurer.

Die Butter atmete auf, die Würstchen schauten wieder frisch aus der Packung, und der Emmentaler Käse strahlte aus allen Löchern.

»So, war's schön in der Natur?«, stichelten die Essiggurken, und die Oliven und die Silberzwiebelchen kicherten dümmlich dazu.

Da riefen die Joghurts, der Käse, die Würstchen, die Tomaten, die Eier, der Krachsalat, die Butter, die Milchpackungen und das Bier wie aus einem Munde: »Jaaaa!«

Und alle erzählten noch so lange von der Topfpalme, dem Treppenhaus und der Hitze vor der Haustüre, bis sie gegessen oder getrunken wurden.

DAS MÄNNLEIN
IN DER SIRUPFLASCHE

Vor nicht allzu langer Zeit passierte in der Nähe von Bern etwas Seltsames.

Das Mädchen, dem es passierte, ist sechs Jahre alt. Es heißt Sabine und wohnt in einem Hochhaus. Dieses Hochhaus steht in der Nähe von Bern. Und in diesem Hochhaus passierte der sechsjährigen Sabine etwas Seltsames.

Sie wollte sich nämlich ein Glas Sirup machen.

Das ist doch nichts Seltsames, werdet ihr sagen.

Nein, natürlich nicht, aber wartet nur: Sie nahm sich also ein Glas aus dem Küchenschrank – ist das seltsam?

Nein, so wartet doch, jetzt holt sie nämlich gleich die Sirupflasche – soll das etwa seltsam sein?

Bitte, nun seid nicht so ungeduldig. Es war Orangensirup – das ist seltsam!

Wieso, trinkt ihr Himbeersirup? Orangensirup ist doch gar nicht seltsam, das Seltsame kommt erst.

Die Sirupflasche war fast leer – das ist überhaupt nicht seltsam!

Was ist nun, wollt ihr die Geschichte hören oder nicht? Also gut, dann unterbrecht mich nicht immer. Jetzt kommt nämlich das Seltsame.

Als Sabine sich den Orangensirup aus der Flasche ins Glas einschenken wollte, rief jemand: »Halt!«

Sabine erschrak, stellte die Flasche ab und schaute sich in der Küche um. Sie sah niemanden. Also nahm sie die Flasche wieder, um sich einzuschenken.

»Halt!«, rief es nochmals. Es war ein feines, dünnes, hohes Stimmlein.

»Wer könnte das sein?«, dachte Sabine. Weil sie den Titel dieser Geschichte nicht kannte, wusste sie es nicht. Aber ihr braucht nur noch einmal daran zu denken, wie der Titel heißt, und dann wisst ihr auch, wer da gerufen hat.

Jetzt sah Sabine es auch.

Zuunterst in der Sirupflasche war ein Männlein. Dieses Männlein hüpfte im Sirup auf und ab und winkte Sabine zu.

»Halt!«, rief es zum dritten Mal, »nicht einschenken!«

Sabine stellte die Sirupflasche ab. Sie wusste nicht, was sagen.

Das Männlein war nämlich nicht das Einzige, was sie auf dem Boden der Sirupflasche sah. Da stand auch ein Tischlein und ein Stühlchen in der Mitte, und am Rand, gleich unter der Etikette, war ein hübsches Bettlein mit einer gewürfelten Bettdecke.

Als Sabine lange genug geschaut hatte, kam ihr etwas in den Sinn.

»Wohnst du im Sirup?«, fragte sie.

»Ja«, sagte das Männlein.

Jetzt wusste Sabine wieder nicht mehr, was sagen. Dafür sagte das Männlein etwas.

»Ich kann nur im Sirup wohnen«, sagte es.

Sabine gefiel das Männlein.

»Dann trinke ich Wasser«, sagte sie.

Sie schenkte sich ein Glas Wasser ein und nahm die Sirupflasche mit in ihr Zimmer. Gestern hatte sie von ihrem Vater eine große Schachtel bekommen. Sie stellte die Sirupflasche in die Schachtel, und die Schachtel stellte sie in den Kastenfuß zu ihren Spielsachen.

Am Abend, als die Mutter das Licht schon gelöscht hatte und aus dem Zimmer gegangen war, schlüpfte Sabine noch einmal aus ihrem Bett, knipste das Licht an und machte die Schachtel im Kasten auf. Das Männlein lag schon in seinem Bettchen. Es kuschelte sich gemütlich unter der gewürfelten Decke und winkte Sabine zu: »Schlaf gut!«

»Schlaf auch gut«, sagte Sabine und stellte die Schachtel wieder in den Kasten.

Am andern Morgen erwachte Sabine sehr früh. Sie ging sofort zum Kasten, öffnete die Schachtel und schaute nach dem Männlein.

Es war schon wach und winkte ihr zu.

»Guten Tag«, sagte es.

»Guten Tag«, sagte Sabine, »willst du etwas essen?«

»Nein, danke«, sagte das Männlein, »es genügt mir, wenn ich im Sirup lebe. Da bekomme ich alles, was ich brauche.« Es drehte sich wieder um und beugte sich über sein Tischlein, und Sabine schien es, es lese die Zeitung. Da alles so klein war, war sie nicht ganz sicher.

»Hast du gut geschlafen?«, fragte die Mutter beim Frühstück.

»Ja«, sagte Sabine. Aber vom Männlein in der Sirupflasche erzählte sie nichts. Auch im Kindergarten sagte sie niemandem etwas davon.

»Seltsam«, sagte die Mutter beim Mittagessen, »ich finde die Sirupflasche nicht. Weißt du, wo sie ist, Sabine?«

Natürlich wusste Sabine es nicht.

»Gestern war sie noch da«, sagte die Mutter.

»Kaufst du wieder eine?«, fragte Sabine.

»Ich muss wohl«, sagte die Mutter, und am Nachmittag kaufte sie wieder eine und fragte nicht mehr nach der alten.

Darüber war Sabine sehr froh, denn sie hatte sich endgültig entschlossen, dass vom Männlein in der Sirupflasche niemand etwas zu wissen brauchte, nicht einmal die Mutter und der Vater, denen sie sonst alles sagte.

Sie schaute jeden Tag ein paarmal in die Schachtel im Kastenfuß und fragte das Männlein, ob es etwas brauche, aber das Männlein brauchte nie etwas. Immer hatte es irgendetwas zu tun. Einmal nähte es ein Tischtuch mit Orangen drauf, ein anderes Mal machte es sich eine Zeichnung von einem Baum, bastelte sich einen Bilderrahmen dazu und hängte ihn an die Wand seiner kleinen Wohnung, also ans Innere der Sirupflasche.

Sabine wunderte sich.

»Wo nimmst du all die Sachen her?«, fragte sie.

»Aus dem Sirup«, sagte das Männlein. Und jeden Morgen las es die Zeitung.

»Wer bringt dir die Zeitung?«, fragte Sabine.

»Die mach ich mir selbst«, sagte das Männlein.

»Aus was?«, fragte Sabine.

»Aus was wohl?«, fragte das Männlein zurück und lächelte verschmitzt.

»Aus Sirup«, sagte Sabine.

»Richtig!«, antwortete das Männlein und kicherte.

Einmal, als Sabine wieder hineinschaute, sah sie, dass das Männlein gerade daran war, mit einem Hämmerchen und einem Sägelein einen zweiten Stuhl zu zimmern.

»Für wen ist der zweite Stuhl?«, fragte Sabine.

»Für dich«, sagte das Männlein. »Heute lade ich dich zum Nachtessen ein.«

Sabine lachte. »Ich bin doch viel zu groß für die Sirupflasche!«

»Also«, rief das Männlein, »um neun Uhr!«, drehte sich um und hämmerte weiter.

Um neun Uhr abends, als Sabine schon eine halbe Stunde im Bett gelegen war, stand sie wieder auf, schlich sich zum Kasten, öffnete die Schachtel und beugte sich über die Sirupflasche.

»Und jetzt?«, fragte sie.

»Jetzt musst du den Deckel abnehmen und mit dem Finger dreimal um den Flaschenhals fahren«, sagte das Männlein.

Sabine machte es und fiel in die Sirupflasche hinein, direkt auf die gewürfelte Bettdecke.

»Oh«, rief sie, »oh, hier ist es lustig!«, und federte noch ein bisschen auf und ab.

Sie merkte, dass sie so klein geworden war wie das Männlein.

»Setz dich«, sagte dieses, »jetzt essen wir.«

Sabine setzte sich ans Tischchen, das für zwei gedeckt war, und sie saß bis zu den Knien im Orangensirup. Auf dem Teller lag etwas, das aussah wie Hackfleisch.

»Was ist das?«, fragte Sabine.

»Sirupgeschnetzeltes«, sagte das Männlein. »Mit Sirupsalat.«

Sabine probierte ein bisschen davon und fand es wunderbar, obwohl sie sonst nicht gern etwas Neues aß.

»Was möchtest du trinken?«, fragte das Männlein.

»Orangensirup«, sagte Sabine.

»Trifft sich gut«, sagte das Männlein, tauchte ein Glas in die Flüssigkeit, in der sie saßen und ließ dann aus einem Hahn an der Flaschenwand frisches Wasser hineinlaufen. Sabine wunderte sich sehr. Dann fragte sie etwas, was sie schon lange hatte fragen wollen.

»Seit wann wohnst du in dieser Flasche?«

»Ach«, antwortete das Männlein ausweichend, »eigentlich schon immer.«

»Du schwindelst«, sagte Sabine, »als die Flasche voll war, hab ich dich nicht gesehen.«

»Es ist eben so«, sagte das Männlein, »dass ich nicht immer in derselben Flasche wohne. Ich ziehe von Flasche zu Flasche. Und jetzt bin ich hier, wie du siehst.«

»Und wie lange bleibst du noch hier?«, fragte Sabine.

»So lange, bis du mich vergisst«, sagte das Männlein.

»Und wenn ich dich vergesse?«

»Dann ziehe ich um.«

»Ich vergesse dich sicher nicht«, sagte Sabine.

»Na«, sagte das Männlein, »verschwör dich nicht. Früher oder später vergessen mich alle Kinder. Möchtest du etwas Dessert? Es gibt Orangeneis.«

Sabine war begeistert und griff sogleich nach einem der beiden Schälchen. Orangeneis, das gab es nicht alle Tage, und dazu noch in einer Sirupflasche, mit einem Männlein, das nicht größer war als ihr Daumen. Plötzlich erschrak sie. »Und wie komme ich hier wieder hinaus?«, fragte sie.

Das Männlein legte ein Hämmerchen auf das Tischlein. »Damit klopfst du drei Mal an die Flaschenwand, und schon bist du draußen. Aber du hast ja noch gar nicht fertig gegessen!«

Das war Sabine egal. Sie packte sofort das Hämmerchen und schlug damit drei Mal an die Flaschenwand. Von einem unwiderstehlichen Luftstrom wurde sie in die Höhe gesogen und zum Flaschenhals hinausgeschleudert. Dann fand sie sich wieder auf dem Boden vor ihrem Kasten, und sie war genauso groß wie ein sechsjähriges Mädchen. Im Innern der Sirupflasche war alles durcheinandergewirbelt, Bettlein, Tischlein und Stühlchen waren umgekippt, und das Männlein arbeitete sich gerade unter der Decke hervor.

»Entschuldigung«, rief Sabine, »und danke für die Einladung! Es war wunderbar!«

Das Männlein winkte fröhlich zurück. »Vergiss mich nicht!«, rief es Sabine zu.

Sabine versprach es, und sie schaute jeden Morgen und jeden Abend nach ihrem Männlein in der Sirupflasche und plauderte ein bisschen mit ihm.

Als sie aber in den Sommerferien mit ihren Eltern auf eine Insel nach Griechenland fliegen durfte, merkte sie erst im Flugzeug, dass sie in der Aufregung nicht an die Sirupflasche gedacht hatte. Nach ihrer Rückkehr schaute sie sofort in den Kastenfuß, aber in der Flasche war nur noch ein schimmliger Rest von Orangensirup, und von einem Männlein keine Spur.

Tja, das wär's dann.

Hier ist die Geschichte zu Ende. War sie nun seltsam oder nicht? Sabine war übrigens sehr traurig.

Aber dafür kam sie jetzt in die erste Klasse der Schule, und sie erinnerte sich, dass das Männlein gesagt hatte, es ziehe von Flasche zu Flasche. Also ist es nun bei einem anderen Kind, dachte sie, und versuchte sich vorzustellen, bei welchem.

Ehrlich gesagt, ich weiß es auch nicht. Bei dir vielleicht?

DAS KLEINE ORCHESTER

Es war einmal eine große Mäusefamilie, die wohnte im Keller eines Konzertsaals. Dort gab es zwar wenig zu fressen, aber wenn die großen Orchester im Saal oben ihre Konzerte gaben, saßen die Mäuse still auf ihren leeren Nussschalen und hörten andächtig zu. »Wer das könnte«, sagte der Vater zur Mutter, »wer das könnte«, und beide seufzten.

Eines Tages sagte das älteste der Mäusekinder zu seinen Geschwistern: »Wieso sollten wir das nicht können? Kommt, wir gründen ein Orchester!«

»Aber die Instrumente«, sagte die Mutter, »woher wollt ihr die Instrumente nehmen? All die herrlichen Geigen, Flöten und Trompeten?«

»Mach dir keine Sorgen!«, sagte die kleine Maus, »wir finden schon etwas heraus.« Und zusammen mit ihren sechs Brüdern und Schwestern ging sie auf die Suche nach Kartons, Büchsen, Schnüren, Schrauben, Hölzern und was man sonst noch so braucht, um schöne Musik zu machen.

Die sieben Mäusegeschwister leimten, hämmerten und sägten zwei Nächte lang, und dann war ihr Orchester fertig. Jedes Instrument konnte zwar nur einen Ton machen, aber was für einen! Stundenlang spielten die Mäuse nichts anderes als diesen Ton, der sich aus sieben einzelnen Tönen zusammensetzte.

Als die Mutter hörte, wie schön ihre Kinder musizierten, knabberte sie im Konzertsaal die schwarzen Vorhänge an und nähte allen ihren Kindern einen Frack, und auch dem Vater, denn er war der Dirigent des Orchesters.

Während die Mäuse im Keller übten, fragte der Hausmeister des Konzertsaals seine Frau: »Hörst du auch einen seltsamen Ton?« »Ja«, sagte die Frau, »wo der nur herkommt?« Sie fanden es nicht heraus, sie merkten nur, dass sie plötzlich ganz gut aufgelegt waren und dauernd kichern mussten.

Am nächsten Tag hörten sie den Ton wieder, da gingen sie in den Keller und sahen das Mäuseorchester bei der Arbeit.

Still und fröhlich stiegen sie wieder nach oben. Die Frau des Hausmeisters hatte die Fräcke der Mäuse gesehen. Der Stoff war ihr merkwürdig bekannt vorgekommen, und sie schaute sich die Säume der Vorhänge im Konzertsaal an. Aber statt zu schimpfen, musste sie einfach lachen.

Am nächsten Tag war große Aufregung in der Stadt, denn das Staatsoberhaupt des Nachbarlandes kam zu Besuch, Königin Ariola, und ihr zu Ehren gab es ein Konzert im Konzertsaal.

Das große Landessinfonieorchester sollte die »Sinfonia pomposa« spielen, und die Mäusemutter freute sich schon auf die Pauken und Trompeten. Wie groß war der Schrecken, als kurz vor Beginn des Festkonzertes bekannt wurde, dass das ganze Orchester auf der Autobahn stecken geblieben war. Niemand wusste, was tun, alle rannten bloß hin und her und riefen sinnloses Zeug in ihre Handys. Der Bundespräsident sagte dem Stadtpräsidenten, er müsse dafür sorgen, dass das Orchester pünktlich auftrete. Der Stadtpräsident sagte dem Orchesterpräsidenten, er müsse dafür sorgen, dass sein Orchester rechtzeitig eintreffe, und ergriff dann die Flucht. Der Orchesterpräsident sagte zum Hausmeister, er sei dafür verantwortlich, dass das Orchester rechtzeitig auftrete, und flüchtete dann ebenfalls. Da ging der Hausmeister in den Keller und fragte die Mäuse, ob sie vielleicht beim Empfang der Königin Ariola spielen könnten.

»Wann soll denn das sein?«, fragte der Mäusevater, »wir müssen natürlich für einen solchen Anlass schon etwas üben.«

»In fünf Minuten«, sagte der Hausmeister, denn soeben betraten die hohen Gäste den Konzertsaal.

»Was?«, rief der Vater, »da können wir ja gar nichts vorbereiten!«

»Spielt einfach das, was meine Frau und ich gestern gehört haben«, sagte der Hausmeister, »das ist gut genug.«

Da zogen alle Mäuse, so schnell sie konnten, ihre kleinen Fräcke an, packten ihre Instrumente und krabbelten durch einen Mäusegang hinter die Orchesterbühne. Der Hausmeister ging nach oben und schob dem Präsidenten des Landes einen Zettel zu, und der sagte am Schluss seiner Ansprache: »Leider steckt unser großes Orchester immer noch im Stau. Deshalb wird die ›Sinfonia pomposa‹ von Mario Moreno Bombardieri heute von der kleinen Formation des Landessinfonieorchesters gespielt – ich bitte Sie um einen Applaus.«

Und zum Applaus des ganzen Saales trippelten die Mäuslein mit ihren selber gemachten Instrumenten auf die Bühne, der Vater klopfte mit einem Haselnusszweiglein um Ruhe, hob es dann in die Höhe und gab den Einsatz.

Und als nun das kleine Orchester den langen und immer gleichen Ton spielte, wurde es den Leuten ganz eigenartig im Trommelfell,

im Zwerchfell und im Handtäschchen. Königin Ariola, die sonst immer streng und böse dreinschaute, brach auf einmal in ein Kichern aus. Auch der Bundespräsident konnte sich nicht mehr beherrschen, er stieß seinen Außenminister in die Rippen, dieser schlug dem Verteidigungsminister von Königin Ariola auf die Schenkel, und zuletzt kicherte der ganze Saal mit. Da fragte Königin Ariola ihren Prinzgemahl Sowieso von Kohlen Halbbatz, wieso sie kein solches Orchester hätten, und dieser versprach, sofort eins anzuschaffen, wenn sie wieder zu Hause wären.

»Wieso nimmst du dieses Orchester nicht einfach mit?«, kicherte seine Frau.

Als Königin Ariola und Prinz Sowieso von ihrem Staatsbesuch wieder nach Hause fuhren, saß im Extrazug auf dem Tisch des Salonwagens gleich neben dem Käsebuffet unser ganzes Mäuseorchester samt der Mutter, die fast nicht glauben konnte, was für eine Ehre ihnen zuteilwurde. Aber ihre Kinder hatten es immer gewusst, und wann immer Königin Ariola sie von jetzt an darum bat, spielten sie ihr einen Ton, und wer immer ihn hörte, musste lächeln und war einen Moment lang zufrieden.

DER NEBEL IN DER WÜSTE

An der Küste von Schottland war einmal ein Nebel, der jeweils bei feuchtem und nebligem Wetter den Küstenfelsen entlang auf- und niederstieg, und da das Wetter in Schottland fast immer feucht und neblig ist, musste der Nebel fast immer den Küstenfelsen entlang auf- und niedersteigen, und da das Auf- und Niedersteigen einen schottischen Küstenfelsen entlang bei feuchtem und nebligem Wetter eine ziemlich trübselige Sache ist, war es diesem Nebel schon lange verleidet. »Ich will auswandern«, sagte er sich, und er wusste auch schon wohin: »In die Sahara.«

Wann immer er aber zu den andern Nebeln »Sahara« sagte, zuckten sie zusammen, wie man nur bei einem ganz schlimmen Wort zusammenzuckt. Dabei war keiner von ihnen je in der Sahara gewesen. Einmal nur, ein einziges Mal hatte der Nebel eine Wolke getroffen, die schon über das Mittelmeer geflogen war und in die Sahara hinübergeblickt hatte. Man habe nur gesehen, dass dort alles vor Hitze flimmere und dass eine Wolke in kürzester Zeit verdunsten würde, von einem Nebel ganz zu schweigen. Gerade das aber reizte unsern Nebel. »Wenn es dort keine Nebel gibt«, dachte er sich, »dann wird man welche brauchen können«, und er beschloss erst recht, in die Sahara auszuwandern.

»Adieu, Freunde!«, rief er an einem trüben Morgen den andern

Nebeln zu, die wie immer den Küstenfelsen entlang auf- und niederstiegen, »ich wandere aus – in die Sahara!«

Die andern Nebel standen nur einen Augenblick still und schauten ihm traurig nach, und sobald er verschwunden war, begannen sie wieder, den Küstenfelsen entlang auf- und niederzusteigen. Sie waren überzeugt, dass dieser Nebel seiner sicheren Verdunstung entgegenging, und Nebel, die von so etwas überzeugt sind, sagen gar nichts, sondern steigen nur still den Küstenfelsen entlang auf und nieder.

Unser Nebel reiste munter der schottischen Küste nach gegen Süden.

Das ging zuerst sehr gut. Tagsüber, wenn die Sonne scheinen wollte, zog er sich, wie das jeder Küstennebel gewöhnt ist, in eine Felsspalte zurück und ging erst am Abend und in der Nacht wieder weiter. Ein Nebel muss eben immer genügend Nässe und Schatten haben, damit er nicht verdunstet.

Eines Abends hörte die Küste auf, und er hatte nichts mehr vor sich als das Meer. »Also denn«, sagte er zu sich selbst, »wer in die Wüste will, darf den Ozean nicht scheuen!«, und flog aufs offene Meer hinaus.

Am andern Morgen jedoch, als die Sonne aufging und die Hitze rasch zunahm, schaute sich der Nebel nach einem Unterschlupf um, und es wurde ihm schon wind und weh, da sah er ein großes Schiff, das gegen Süden fuhr. So schnell es ging, flog er ihm nach und erreichte es mit letzter Not, und jetzt konnte er eine Weile lang im Schatten des Schiffes weiterziehen. Gegen Mittag schien die Sonne immer steiler auf das Schiff herab, so steil, dass es zuletzt keinen Schatten mehr hatte, und dem Nebel blieb nichts anderes übrig, als durch das Fenster ins Innere des Schiffes zu kriechen.

Der Raum, in den er kam, war der Speisesaal, und eine Menge Männer, die alle gleich angezogen waren, saßen beim Essen. Gab das eine Verwirrung, als plötzlich überall ein so starker Nebel war, dass man kaum mehr die Teller auf dem Tisch sah! Die Männer, die dabei waren, die Suppe zu schöpfen, schütteten sie in die Gläser statt in die Suppenteller, und einer, der sich gebückt hatte, um seine Serviette aufzulesen, zog nun das Hosenbein seines Nachbars hinauf, um sich den Mund abzuputzen. Dem Nebel war überhaupt nicht wohl – er störte nicht gern –, und er verzog sich hurtig durch den Gang, flitzte bis ganz zuhinterst, dann die Treppe hoch und kam schließlich vor eine halb offene Türe, durch die er hineinschlüpfte. Im Zimmer saß ein Mann mit einer sehr schönen Mütze, der sofort rief: »He! Was ist das?«

»Keine Angst«, sagte der Nebel, »ich bin's.«

»Wer ich?«, rief der Kapitän, denn niemand anders war der Mann mit der schönen Mütze.

Da erzählte ihm der Nebel von seinem Plan, in die Sahara auszuwandern, und fragte, ob er ein Stück auf dem Schiff mitreisen dürfe.

Der Kapitän dachte lange nach und sagte dann, ja, das dürfe er, aber er müsse auch etwas arbeiten.

»Gewiss«, sagte der Nebel, »was soll ich denn tun?«

»Hast du gern Krieg?«, fragte der Kapitän.

»Au ja!«, rief der Nebel aufgeregt.

»Das trifft sich gut«, sagte der Kapitän, »wir sind nämlich ein Kriegsschiff, und es soll niemand sehen, dass wir hier durchfahren. Sobald also Gefahr ist, dass uns jemand sieht, musst du dich einfach ums ganze Schiff herumlegen. Einverstanden?«

»Selbstverständlich«, sagte der Nebel, und während der nächsten Tage legte er sich immer, wenn von Weitem ein fremdes Schiff auftauchte, um das Kriegsschiff herum, sodass die anderen Schiffe von Weitem meinten, dort fahre ein Nebel vorbei und nicht ein Schiff.

Nach einer Woche, es war Abend, rief der Kapitän den Nebel zu sich und sagte, indem er auf eine Küste zeigte, die jetzt in der Nähe lag: »Wenn du zu dieser Küste fliegst und von dort über die Berge, dann liegt dahinter die Sahara.« Er dankte dem Nebel, und als dieser davonflog, ließ das Schiff zu seiner Ehre einen Böllerschuss fahren, was den Nebel so erschreckte, dass er in Windeseile auf die Küste lossauste.

Als er auf dem Bergkamm angekommen war und sah, wie sich vor ihm eine unendlich große Fläche von Sand ausbreitete, so groß wie das Meer, von einem wunderschönen Vollmond beleuchtet und angenehm kühl, viel kühler, als man ihm erzählt hatte, war er überglücklich und flog mitten in die Wüste hinein. Aber kaum war die Sonne aufgegangen, da verbreitete sich eine solche Hitze, dass unser Nebel dringend ein Schattenplätzchen brauchte. Da sah er weit in der Tiefe einen eigenartig komplizierten Turm, er stürzte sich hinab und wurde sogleich in ein großes Rohr gesogen – richtig geraten! Das war ein Ölbohrturm, und der Nebel wurde durch eine Pipeline bis ans Meer gejagt, wurde dort direkt in ein Ölschiff eingefüllt, und wo, denkt ihr, wo wurde er aus dem Ölschiff wieder an Land gepumpt? Es ist kaum zu glauben: in Schottland!

Und knapp bevor man ihn in einen Öllastwagen saugen wollte, konnte er durch den offenen Deckel des Öltanks entweichen und schlich sich wieder der alten Küste entgegen. Aber wie sah er aus! Vom vielen Öl, in dem er die ganze Zeit geschwommen war, war er ganz schwarz geworden, und sosehr er sich auch schüttelte, er brachte die Farbe nicht weg – vom Geruch wollen wir gar nicht sprechen.

Als er an die Küste kam, hielten sich die andern Nebel die Nase zu und wollten ihm nicht glauben, dass er es war, aber als er mit ihnen die Küstenfelsen entlang auf- und niederstieg, kannten sie ihn sofort wieder, denn er hatte noch dieselbe unruhige Art wie früher. Natürlich lachten sie ihn gehörig aus, als er alle seine Abenteuer erzählt hatte, nannten ihn auch, da ihm die schwarze Farbe blieb, nur noch »Mister Afrika«, aber eigentlich, dass kann ich mit Gewissheit sagen, eigentlich gab es keinen, der ihn nicht im Stillen für seinen Mut bewundert und um seine Erlebnisse beneidet hätte.

DAS LAND IN DER STADT

Ein Stück Land wollte einmal in die Stadt gehen. Es hatte schon viel von den Autos gehört, den Motorrädern und den Tramzügen, die dort in unendlicher Anzahl zwischen unendlich vielen Häusern herumfahren sollten. Das wollte es sehen.
Es machte sich also auf den Weg. Von der Waldlichtung, in der es bis jetzt tagein, tagaus gelegen hatte, ging es über einen Holzweg bis zur nächsten Straße. Dort machte es Autostopp und wurde bald von einem Eierlastwagen mitgenommen, der in die Stadt fuhr.
Als es dort ausstieg, machte es große Augen. Das waren ja noch viel mehr Motorräder und noch viel mehr Trams und vor allem noch viel mehr Autos, und das Lustigste war, alle Autos hupten dauernd vor sich her.
Das Landstück musste unheimlich lachen. »Warum hupen denn alle?«, fragte es einen Autofahrer, der neben ihm still stand und seinen Arm müde zum Fenster hinaushängen ließ.
»Wegen dir«, sagte der, »du verstopfst hier alles.«
Das Stück Land machte vor Schreck einen großen Sprung, direkt auf ein Trottoircafé, wo augenblicklich viele Tischchen und Stühle umfielen, Gläser klirrten, Eis aus großen Bechern auslief und sich die Leute Erde und Graswurzeln aus den Gesichtern wischten. »Was ist denn das für eine elende Sauerei?«, riefen sie,

und beim Versuch, sich aufzurappeln, stolperten sie über das Land und fielen gleich nochmals hin.

In solchen Fällen kommt in der Stadt sehr rasch die Polizei. Das Stück Land wurde verhaftet und mit aufs Revier genommen. Es musste ganz genau angeben, woher es kam und was es in der Stadt gemacht hatte. Die Nacht über sperrte man es in eine Gefängniszelle, am Morgen legte es die Wolldecken wieder zusammen, und dann brachte man es dorthin zurück, wo es hergekommen war.

»Und«, fragte eine alte Buche, »wie war es in der Stadt?«

»Na ja«, sagte das Land.

Der Wind strich durch die Buchenblätter, und sie rauschten leise.

EINE DICKE FREUNDSCHAFT

Ein Misthaufen und ein Eichhörnchen schlossen einmal Freundschaft. Das Eichhörnchen roch unheimlich gern am Misthaufen. Oft saß es ganze Nachmittage vor seinem Freund und schnupperte stillvergnügt an den dampfenden Fladen herum, und der Misthaufen war glücklich, wenn er spürte, wie das Eichhörnchen mit dem Köpfchen über seine Ränder strich.

Sie versuchten einander auch noch mehr zuliebe zu tun. Das Eichhörnchen brachte dem Misthaufen Nüsse mit, die er aber nur nahm, um es nicht zu beleidigen. Der Misthaufen erlaubte dem Eichhörnchen, einzelne Misthalme aus ihm herauszurupfen und mitzunehmen, doch das Eichhörnchen ließ sie fallen, sobald der Misthaufen es nicht mehr sah, es roch viel lieber am ganzen.

Eines Tages sagte der Misthaufen zum Eichhörnchen: »Weißt du, was schade ist? Immer kommst du zu mir, und nie komme ich zu dir. Wo wohnst du überhaupt?«

»Drüben im Wald auf einem Baum«, sagte das Eichhörnchen, »wann willst du kommen?«

»Am liebsten jetzt«, sagte der Misthaufen.

»Oh«, sagte das Eichhörnchen, »jetzt geht es leider nicht, es ist nicht aufgeräumt, aber vielleicht morgen?«

»Gut, morgen«, sagte der Misthaufen und konnte die ganze Nacht nicht schlafen, so freute er sich auf den Besuch. In der Frühe ließ

er sich von der Katze einen Blumenstrauß aus dem Garten der Bauersfrau bringen, zöpfelte sich selbst so schön zurecht, wie er nur konnte, und wartete unruhig auf das Eichhörnchen.

Als dieses gegen Mittag endlich kam, setzte sich der Misthaufen sogleich in Bewegung und bemühte sich, mit dem Eichhörnchen Schritt zu halten, das seinem Freund zuliebe extra ganz langsam eine Pfote vor die andere setzte.

Alles ging gut, nur als sie die Landstraße überquerten, die vor dem Bauernhaus durchging, passierte etwas Dummes. Es fand ein Radrennen statt, alle Fahrer sausten in voller Geschwindigkeit in den Misthaufen hinein, blieben darin stecken und mussten die längste Zeit mit den Beinen strampeln, bis sie sich wieder befreien konnten, und dann waren sie erst noch voll Mist, und ihre Rennräder waren zusammengestaucht.

Alle schimpften, die Rennfahrer, weil sie so dreckig waren und ihre Velos nicht mehr brauchen konnten, der Rennleiter, weil das ganze Rennen durcheinander war, die Polizei, weil sie die Straße mit dem Spritzwagen reinigen musste, der Bauer, weil er den Misthaufen Karren für Karren wieder an seinen Platz vor dem Haus bringen musste, die Bauersfrau, weil ihr ein paar der schönsten Blumen fehlten – alle schimpften, dabei war alles nur aus Freundschaft geschehen.

Der Misthaufen übrigens, falls ihr das noch wissen wollt, getraute sich von da an nicht mehr, von seinem Ort wegzugehen, und hat das Eichhörnchen nie besucht, aber Freunde blieben sie trotzdem, jetzt sogar erst recht.

DER BRIEFKASTEN

I ch möchte gern ein Rennrad sein«, sagte der Briefkasten zum Gartentor, »und durch weite Ebenen flitzen und hohe Pässe bezwingen.«

»Du mit deinen Wünschen«, krächzte das Gartentor, »dabei entsprichst du nicht einmal den neuen Vorschriften der Post.«

»Wünschen kann man immer«, sagte der Briefkasten nur und schluckte weiterhin Rechnungen, Zeitschriften, Prospekte und Postkarten.

Wenig später wurde er abgeschraubt und durch einen neuen ersetzt. Man schmolz ihn ein, und zusammen mit alten Metallstühlen, zerrissenen Drahtgittern und krummen Schraubenziehern wurde er zu Leichtstahl verarbeitet, kam in eine Rennradfabrik, und bald darauf flitzte er durch weite Ebenen, bezwang hohe Pässe und konnte kaum glauben, dass er jahrelang am selben Ort gestanden hatte und jeden Tag an der Post fast erstickt war.

EIN STREICH

Ein Kurzschluss und ein Megafon trafen sich zufällig auf der Bahnhofstraße.

»Lange nicht gesehen«, sagte der Kurzschluss.

»Gleichfalls«, sagte das Megafon, »und – wie geht's?«

»Etwas langweilig«, sagte der Kurzschluss, »alles perfekt, nichts zu tun. Und du?«

»Auch nichts – keine Demos, keine Polizeieinsätze.«

»Komm, wir machen was!«, sagte der Kurzschluss.

Sie betraten das Gebäude einer Großbank, der Kurzschluss schlich sich in die Schaltzentrale und machte es sich dort gemütlich, und als der Strom zusammenbrach, rief das Megafon durchs ganze Gebäude: »Feierabend!«, und alle Angestellten packten ihre Sachen ein, verließen die Bank und verbrachten einen fröhlichen Abend.

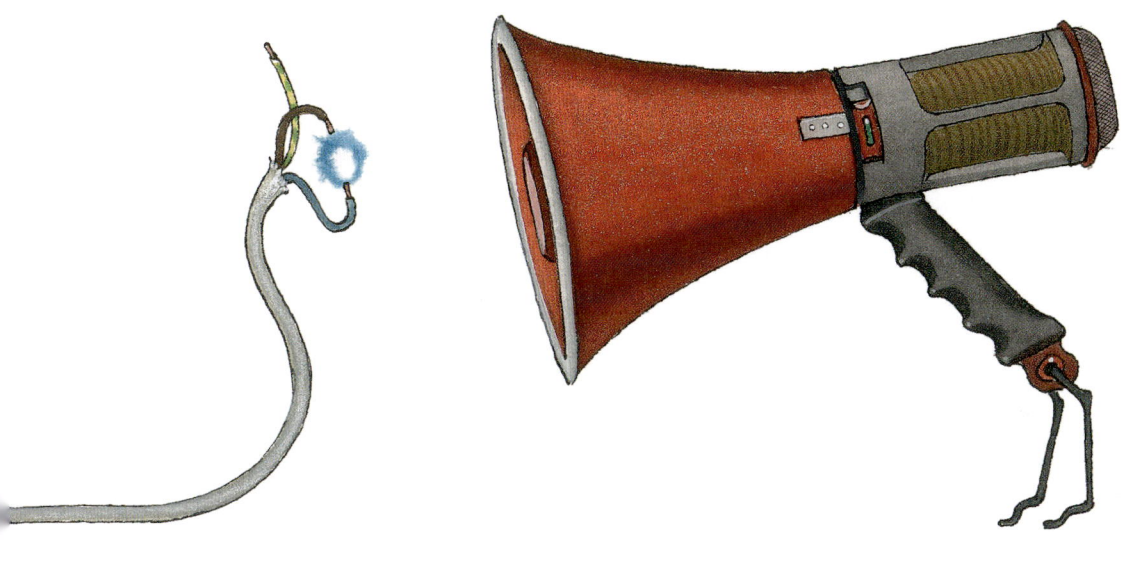

AUF DER STRASSE

Es ist Nachmittag.
Niemand ist zu sehen.
Da kommt Frau Kieser mit ihrem Hund an der Leine. Es ist ein Schäferhund.
Von der andern Seite kommt Herr Stark mit seinem Hund an der Leine. Es ist ein Dackel.
Die beiden Hunde bleiben stehen. Herr Stark und Frau Kieser bleiben auch stehen.
Der Schäferhund knurrt.
Der Dackel bellt.
Dann rennt der Schäferhund auf den Dackel zu und frisst ihn auf.
»Er will nur spielen!« ruft Frau Kieser.
»Dem zeig ich's«, sagt Herr Stark und frisst den Schäferhund auf.
Frau Kieser wird wütend. Sie rennt auf Herrn Stark zu, frisst ihn auf und geht zufrieden weiter.
Dann ist es wieder ruhig auf der Straße.

DER GROSSE BALL

Ein Bergschuh und ein Turnschuh wollten zusammen auf einen Ball. Ein Ball ist ja nicht nur etwas Rundes, das man auf ein Tor oder an eine Wand schießen kann, sondern ein Ball ist auch ein Tanzfest, und auf ein solches wollten die beiden.

Sie gingen in die Stadt, und als sie über dem Eingang des Stadtkinos lasen: »Heute großer Ball«, gingen sie hinein. Aber links und rechts der Türe standen zwei Wächter, und alle, die hineingingen, zeigten diesen ein Kärtchen. Der Turnschuh und der Bergschuh hatten kein solches Kärtchen und versuchten, einfach so hineinzuschlüpfen.

»Halt!«, rief einer der beiden Wächter, doch da trat ihn der Bergschuh ans Schienbein, dass er aufschrie, und während er sich mit der Hand die schmerzende Stelle rieb, gingen sie schnell an ihm vorbei.

Drinnen war es herrlich, richtig herrlich. Eine große Musik spielte, und schön angezogene Paare drehten sich im Takt dazu auf einem blanken Boden. Sogleich tanzten die beiden Schuhe auch mit, und das taten sie so gut, dass es gar niemandem besonders auffiel.

Erst als es hieß, es gebe nun einen Wettbewerb für das lustigste Paar, schauten sich die Leute genauer um, und alle fanden, der Bergschuh und der Turnschuh hätten eindeutig gewonnen.

Als Preis bekamen sie ein Spiegelei zum Mitnehmen, und als sie zur Tür hinausgingen, schenkten sie es dem einen Wächter, der immer noch da stand.

»Entschuldigen Sie«, sagte der Bergschuh, »aber wir wollten wirklich hinein.«

»Ja, ja«, sagte der Wächter, »schon gut«, und biss zufrieden in sein Spiegelei, während der Bergschuh und der Turnschuh nach Hause gingen und beschlossen, von jetzt an jeden Samstag auf einen Ball zu gehen.

GESPENSTERGESCHICHTE

Eines Nachts, als Frau Scholl allein zu Hause war, hörte sie auf dem Dachboden Schritte. Zuerst tat sie so, als merke sie nichts, aber als die Schritte nicht aufhörten, wurde es ihr unheimlich, es konnte schließlich ein Einbrecher sein. Da fasste sie sich ein Herz, nahm die Pistole ihres Mannes aus dem Nachttischchen, stieg die Treppe hinauf, öffnete vorsichtig die Tür, drückte ganz rasch auf den Lichtschalter und rief: »Hände hoch!«
Aber ihre Angst war umsonst gewesen. Es waren nur zwei Füße, die langsam hin- und hergingen.

DIE KRANKEN SCHWESTERN

In einem Dorf, in welchem es weder einen Arzt noch ein Spital gab, wurden vor langer Zeit zwei Schwestern gleichzeitig krank, und da sie keine Angehörigen mehr hatten, blieb ihnen nichts anderes übrig, als sich gegenseitig zu pflegen. An einem Tag machte zum Beispiel die erste den Tee und die zweite die Umschläge, und am nächsten Tag umgekehrt. Sie wurden zwar nicht richtig gesund, blieben aber doch am Leben.

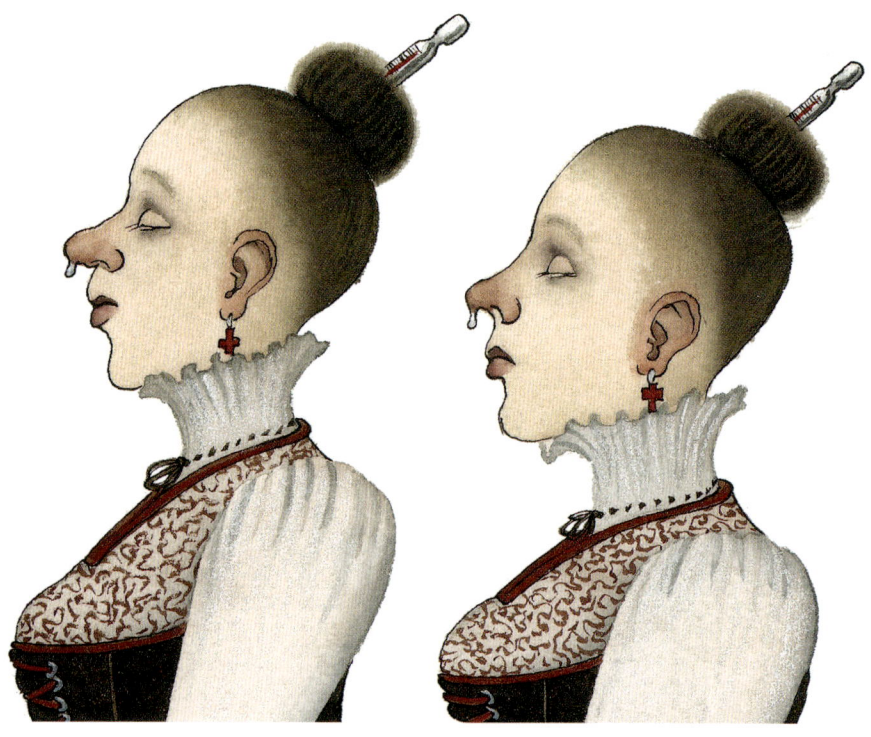

Später wurde ein Bauer im Dorf krank, und niemand wusste, was ihm fehlte. Fragt doch die kranken Schwestern, sagte plötzlich der Schmied. Darauf holte man die kranken Schwestern zu diesem Bauern, und sie blieben bei ihm und machten ihm Tee und Umschläge, und schon nach kurzer Zeit war er wieder gesund und konnte aufs Feld gehen.

Von jetzt an fragte man immer, wenn jemand im Dorf krank wurde, die kranken Schwestern um Hilfe, und sie kamen und pflegten die Kranken. Das gab ihnen so viel zu tun, dass sie gar nicht mehr merkten, dass sie eigentlich krank waren, und ihr Ruf verbreitete sich so weit, dass man die Frauen, welche die Kranken pflegen, noch heute die Krankenschwestern nennt, obwohl sie weder Schwestern noch krank sind, wenigstens die allermeisten von ihnen.

DAS KIND IM MANNE

Ein Mann hörte kürzlich, als er seinen Mittagsschlaf machen wollte, ein entferntes Kindergeschrei, das gerade laut genug war, um ihn am Einschlafen zu hindern. Er schaute zum Fenster hinaus, sah aber auf dem Spielplatz keine Kinder; er ging zu seinen Nachbarn im oberen Stock, doch ihre Kinder schliefen.

»Mir scheint«, sagte ihm die Nachbarin, »die Stimme kommt von Ihnen.«

Da merkte der Mann, dass die Stimme tatsächlich aus seinem Innern kam und ungefähr in der Magengegend nach außen drang. Da er auch eine eigenartige Schwere im Leib spürte, ging er zu einem Arzt. Der untersuchte ihn lange, durchleuchtete ihn sogar und sagte ihm dann: »Sie haben ein Kind.«

Der Mann konnte das fast nicht glauben, aber der Arzt ließ es ihn selbst mit seinen Fingern fühlen.

»Das ist doch nicht möglich«, sagte der Mann. Da gab ihm der Arzt ein Stethoskop, und jetzt hörte er sogar, dass das Kind etwas rief, und zwar tönte es wie: »Spielen! Spielen!«

Der Mann wurde bleich und ließ das Stethoskop sinken. »Es will spielen«, sagte er zum Arzt.

Der Arzt tat zwar so, als wäre das nichts Besonderes für ihn, aber in Wirklichkeit hatte er so etwas auch noch nie erlebt. Er gab dem

Mann die Anweisung, von jetzt an für zwei zu essen und fürs Erste ein kleines Spielzeugauto zu verschlucken. Kaum hatte der Mann das Auto verschluckt, hörte er ein begeistertes Geschrei in seinem Innern und bald darauf das zufriedene Nachahmen eines Motorengeräusches.

Zwei Tage ging alles gut, dann vernahm er deutlich, wie das Kind wieder rief: »Spielen! Spielen!«

Der Arzt riet ihm, ein weiteres kleines Spielzeug zu verschlucken, und der Mann entschied sich für eine Holzkuh. Bald darauf hörte man, wie in seinem Innern das Muhen einer Kuh nachgemacht wurde. Wenn das Kind besonders lebendig war, machte es zuerst das Geräusch eines Motors und dann das Geräusch einer Kuh nach. Dem Manne war das alles außerordentlich unangenehm. Er arbeitete als Verkäufer in einem Teppichgeschäft, und das Kind war so laut, dass es auch die andern Leute hörten. Es half ihm nichts, dass er besonders laut sprach, man hörte es trotzdem, und als er seine Kunden anzubrüllen begann, entließ ihn sein Vorgesetzter.

Der Mann kam darauf als Verkäufer in einem Kinderladen unter, wo er auch direkten Zugang zu Spielsachen hatte. Da das Kind in ihm immer anspruchsvoller wurde, musste er nach und nach Kasperlefiguren, Eisenbahnen, Aufziehmäuse verschlucken, wurde dadurch immer dicker und hatte bald ein kleines Spielzimmer im Bauch, in dem das Kind in ihm herumzulaufen begann. Es wurde frech und fing an, Dinge, die ihm nicht passten, wieder hinaufzuschicken. Als der Mann während der Geschäftszeit anfing, Spielsachen zu erbrechen, musste er auch aus seiner neuen Stelle entlassen werden.

Er lebt gegenwärtig sehr zurückgezogen in der Nähe einer größeren Stadt und lässt sich von der Krankenversicherung die große Menge neuer Spielzeuge bezahlen, die er täglich verschlucken muss. Wie aber das Kind in ihn hineingekommen ist, ist bis heute nicht bekannt geworden.

NACHBARS HUND

Am Gartentor unseres Nachbarn ist ein Schild befestigt mit der Aufschrift »Warnung vor dem Hund«. Jedes Mal wenn man das Tor aufmacht, ertönt ein Gebell, das so unheimlich ist, dass es einem richtig in die Knochen fährt. Es ist eine Mischung zwischen einem Löwengebrüll und dem heiseren Husten eines Wolfes, wie man es von den Fernsehfilmen her kennt. Deshalb getraut sich auch niemand, bis zur Wohnungstür unseres Nachbarn zu gehen, und selbst der Briefträger wirft seine Post nur über den Gartenzaun und geht dann rasch wieder weiter.

Kürzlich aber flog einem kleinen Buben beim Spielen der Ball in diesen Garten, und da der Ball sein liebstes Spielzeug war, nahm er seinen ganzen Mut zusammen und kletterte hinüber, um ihn zu holen. Er wunderte sich, dass die Mischung zwischen einem Löwengebrüll und dem heiseren Husten eines Wolfes, wie man es von den Fernsehfilmen her kennt, nicht ertönte, und als er zur Hundehütte kam, vor der sein Ball lag, hüpfte ein kleiner Dackel heraus, der fröhlich mit dem Schwanz wedelte.

»Was?«, sagte der Bub, »bist du der, der immer so unheimlich bellt?«

»Ja«, sagte der Dackel.

»Das glaube ich dir nicht«, sagte der Bub.

Da ging der Dackel in die Hundehütte hinein und drückte mit

der rechten Vorderpfote auf die Taste eines Kassettengeräts, worauf sogleich das unheimliche Gebell erklang, das eine Mischung aus einem Löwengebrüll und dem heiseren Husten eines Wolfes war, wie man es von den Fernsehfilmen her kennt. Da musste der Bub lachen und der Dackel auch, und es tönte wie eine Mischung zwischen dem Lachen eines kleinen Buben und dem Bellen eines Dackels.

Das Kassettengerät hatte alles aufgenommen, und als der Meister nach Hause kam, drückte der Dackel wieder die Taste, und da ertönte das Lachen eines kleinen Buben und das Bellen eines kleinen Dackels.

»Was?«, rief der Meister empört, »wo ist das unheimliche Gebell, das eine Mischung zwischen einem Löwengebrüll und dem heiseren Husten eines Wolfes ist, wie man es von den Fernsehfilmen her kennt?«

»Es ist gelöscht«, sagte der Dackel, »von jetzt an gibt es nur noch das da.« Er drückte wieder auf die Taste, und wieder hörte man das Lachen eines kleinen Buben und das Bellen eines kleinen Dackels.

Der Meister war sehr böse und bestellte sogleich bei einem Tonstudio ein neues unheimliches Gebell, das eine Mischung zwischen einem Löwengebrüll und dem heiseren Husten eines Wolfes war, wie man es von den Fernsehfilmen her kennt. Er konnte fast nicht warten, bis das Studio die neue Mischung schickte, aber in der Zwischenzeit merkte er, wie alle Leute freundlicher wurden, wie der Briefträger sich wieder hineingetraute und wie die Kinder mit seinem Dackel zu spielen begannen und wie er selber manchmal, wenn er heimkam, ein bisschen vor sich hin zu pfeifen begann.

Das Studio hat das unheimliche Gebell, das eine Mischung zwischen einem Löwengebrüll und dem heiseren Husten eines Wolfes ist, wie man es von den Fernsehfilmen her kennt, immer noch nicht geschickt, weil so etwas eine Weile dauert, aber ich muss sagen, ich bin nicht sicher, ob es unser Nachbar überhaupt noch braucht, wenn es dann kommt.

DER UNGLÜCKSRABE

An einer gefährlichen Straßenkreuzung stand seit langer Zeit ein Lindenbaum, und auf diesem Lindenbaum saß oft ein Rabe und schaute dem Verkehr zu. Wenn er ein Unglück kommen sah, krächzte er laut auf, und kurz danach krachte es.

Die Bauern der Umgebung wurden darauf aufmerksam und nannten den Vogel nur den Unglücksraben. Sie lernten aber auf seine Warnungen zu achten; wenn sie selbst auf dieser Straße fuhren und das Krächzen hörten, bremsten sie ab und konnten einen Unfall vermeiden.

Sie waren froh um den Raben und legten ihm im Winter kleine Fleischstücklein hin.

Dann musste der Lindenbaum gefällt werden, denn die Kreuzung wurde vergrößert. Den Verkehr regelte man nun an dieser Stelle mit Lichtsignalen.

Es ging so viel Land verloren, dass in der Gegend nur noch zwei Bauern übrig blieben, ein älterer und ein jüngerer.

Der Unglücksrabe blieb seither verschwunden, obwohl ihm der ältere Bauer im Winter hin und wieder ein paar Fleischstücklein in die Nähe der Kreuzung legte.

»Hör doch auf damit«, sagte der jüngere Bauer, »der Unglücksrabe kommt nicht mehr.«

»Ach«, sagte der ältere Bauer, »wer weiß?«

Einmal fuhr der jüngere Bauer mit hoher Geschwindigkeit auf die Kreuzung zu, als er plötzlich den Unglücksraben laut kreischen hörte und sah, wie er über der Lichtsignalanlage hin und her flatterte.

»Nanu?«, dachte der Bauer, »ich habe doch Grün.«

Trotzdem bremste er ab und kam gerade noch zum Stehen, bevor von der andern Seite ein Lastwagen über die Kreuzung raste, dessen Bremsen versagt hatten.

Zitternd stieg der Bauer aus und sah, wie der Lastwagen erst weit hinten anhielt. Als er sich nach dem Unglücksraben umsah, war dieser nicht mehr da.

Zusammen mit dem älteren Bauern pflanzte er dann neben der Kreuzung einen neuen Lindenbaum.

Das war kürzlich, der Baum ist jetzt noch klein, aber ich glaube, in ein paar Jahren, wenn er einmal groß genug ist, kommt der Unglücksrabe wieder und schaut dem Verkehr zu.

DER ALTE MANN

Ein Wanderer kam einmal in einem großen Wald in den Bergen vom Weg ab und verirrte sich dermaßen, dass er schon dachte, er werde die Nacht im Freien verbringen müssen. Als es dunkelte, sah er aber glücklicherweise ein Licht. Er ging näher und kam zu einem Felsen, an dem ein Haus gebaut war, und zwar so, dass der Felsen die Rückwand des Hauses bildete. Der Wanderer klopfte an, und ein alter Mann machte die Türe auf.
Als ihm der Wanderer seine Lage erklärt hatte, sagte der alte Mann, bis zur nächsten Straße sei es noch weit und zu gefährlich, er könne ruhig bei ihm übernachten. Erleichtert trat der Wanderer ein, und der alte Mann zeigte ihm sein Zimmer und lud ihn ein, mit ihm zu Nacht zu essen.
»Eigenartig«, dachte der Wanderer, »dass der alte Mann das Bett umgekippt hat, aber vielleicht hat er es lange nicht gebraucht.«
Er ging in die Stube, wo der alte Mann schon das Essen aufgetragen hatte. Zwei Teller lagen umgekehrt auf dem Tisch, und eine Flasche mit Wein stand so da, dass der Flaschenhals auf dem Tisch balancierte.
»Guten Appetit«, sagte der alte Mann, hob seinen Teller ganz leicht und holte sich ein Stück Käse hervor, dann ließ er den Teller wieder über dem Essen zuschnappen. Der Wanderer getraute sich nicht, etwas anderes zu machen als sein Gastgeber, griff auch

unter den umgekehrten Teller und holte sich seine Käsestücklein hervor, und als der alte Mann blitzschnell seinen Kopf unter den Flaschenhals schob und einen Schluck Wein trank, ohne dass ein Tropfen danebenging, versuchte es der Wanderer auch, aber er verschüttete fast den halben Wein auf sein Hemd.

»Die Toilette«, sagte der alte Mann, »ist da drüben, ich gehe schon schnell.« Er ging hinein, der Wanderer hörte, wie gespült wurde, und der alte Mann kam wieder heraus, tropfnass von oben bis unten.

Als der Wanderer auch auf die Toilette ging, sah er, dass die Schüssel auf halber Höhe umgekehrt an der Wand befestigt war. Kopfschüttelnd pinkelte er zum Fenster hinaus, und als er zurück in die Stube kam, war der alte Mann schon schlafen gegangen.

Der Wanderer begab sich in das Zimmer, das ihm der alte Mann zugewiesen hatte, und begann dort, das umgekehrte Bett wieder auf die Füße zu stellen. Fast war er fertig damit, da ging die Türe auf, und der alte Mann fragte: »Was machen Sie da?«

»Ich stelle nur das Bett richtig«, sagte der Wanderer.

»Nein, Sie kehren es um«, sagte der alte Mann.

»Nein, ich stelle es richtig«, sagte der Wanderer und ließ es wieder fallen, »oder können Sie so schlafen?«

»Natürlich«, sagte der alte Mann, sprang mit einem Satz unter das Bett und brachte es fertig, sich so in Leintücher und Decken einzuwickeln, dass er geradezu gemütlich unter der Matratze und dem schwer auf ihm lastenden Bett hervorguckte.

Der Wanderer wunderte sich sehr. »Bei Ihnen ist alles umgekehrt«, sagte er. »Morgen zeige ich Ihnen, wie es richtig ist.«

Am andern Morgen stellte er das Geschirr richtig auf den Tisch,

half dem alten Mann, die Kloschüssel richtig anzubringen, und stellte auch die Betten wieder auf die Füße.

»Sie haben mir sehr geholfen«, sagte der alte Mann, als er merkte, dass auf diese Art alles viel leichter ging, und der Wanderer musste ihm beim Abschied versprechen, ihn wieder zu besuchen.

Als er im nächsten Sommer wiederkam, bat ihn der alte Mann verlegen hinein, und siehe da, das Geschirr stand wieder verkehrt herum, die Kloschüssel war wieder in halber Höhe verkehrt befestigt, und die Betten streckten die Füße nach oben.

»Wissen Sie«, sagte der alte Mann, »es ist vielleicht schon mühsamer auf diese Weise, aber ich bin es einfach so gewöhnt.«

»Das verstehe ich«, sagte der Wanderer laut, »das verstehe ich.«

Trotzdem rannte er sofort zur Türe hinaus und eilte mit langen Schritten durch den Wald davon.

EINE GANZ NEUE ERFINDUNG

Die meisten Erfindungen sind darauf ausgerichtet, den Leuten eine bestimmte Mühe abzunehmen, ihnen eine Arbeit zu erleichtern, also eine Flaschenabfüllmaschine zum Beispiel nimmt den Leuten die langweilige Arbeit ab, Apfelsaft in eine Flasche zu schütten und mit einem Deckel abzuschliessen, und wo früher 30 Leute ein Leben lang abfüllten und zuschraubten, steht jetzt nur noch einer und schaut der Maschine bei der Arbeit zu, vielleicht sitzt er sogar.

Heute ist es aber so, dass der eine oder andere ganz froh wäre, er könnte wieder Apfelsaft abfüllen, nicht gerade ein Leben lang, aber sagen wir ein halbes Jahr oder auch ein ganzes, denn inzwischen sind so viele Erfindungen gemacht worden, dass sie den Leuten mehr Arbeit abgenommen haben, als die Leute eigentlich abgenommen haben wollten.

Deshalb ist es Zeit für eine andere Art von Erfindungen, Erfindungen nämlich, die den Leuten Arbeit bringen, statt sie ihnen abzunehmen, und ich habe damit den Anfang gemacht, indem ich eine neue Bleistiftspitzmaschine erfunden habe.

Nun gibt es an sich schon Bleistiftspitzmaschinen, und meine Bleistiftspitzmaschine sieht vorne auch genauso aus wie alle an-

dern Bleistiftspitzmaschinen, die Neuerung beginnt erst beim Hebel, mit dem man den Bleistift gegen das Spitzwerk dreht. Dieser Hebel ist bei mir nicht vorhanden, sondern an seiner Stelle befindet sich eine Turnhalle.

Die eine Hälfte dieser Turnhalle, die vordere nämlich, wird von einer Konstruktion aus Zahnrädern, Drahtseilen und Riemen ausgefüllt, die zweite Hälfte nimmt ein Trampolin ein, das sich in Bodennähe befindet. Um dieses Trampolin herum führt in erhöhter Lage ein Laufsteg für ca. 30 Personen.

Wird nun vorn ein Bleistift in die Maschine eingeführt, so löst das in der Turnhalle eine Diskette aus, auf welcher eine aufmunternde Stimme »Hoppla!« ruft. Auf dieses »Hoppla!« springen alle 30 Personen auf das Trampolin, werden gegen die Decke der Turnhalle geschleudert und ergreifen dort einen mit der Maschine verbundenen Balken. Durch das Gewicht der gleichzeitig anfassenden 30 Personen wird der Balken langsam heruntergedrückt und setzt das ganze vielrädrige Übertragungswerk in Gang. Alles ist so berechnet, dass bei der Ankunft des Balkens knapp über Trampolinhöhe der eingeführte Bleistift gespitzt ist. Die 30 Personen lassen den Balken los, gelangen über Kletterstangen wieder auf den Laufsteg, der Balken wird hydraulisch auf seinen Ausgangspunkt gehoben, und die Maschine ist bereit für den nächsten Bleistift.

Wenn nun jemand einwendet, diese Maschine werde sich gegenüber dem normalen Bleistiftspitzer nicht durchsetzen können, da man eine Turnhalle mieten und 30 Leute bezahlen müsse, um einen Bleistift spitzen zu können, so möchte ich ihm nur sagen, dass solcherart die Maschinen der Zukunft beschaffen sein werden, ob es ihm passt oder nicht, und dass ich mehr als einen Menschen kenne, der lieber ein paarmal am Tag auf ein Trampolin springen würde, als an einer Drehbank irgendwelche Bestandteile herzustellen, zum Beispiel für eine Bleistiftspitzmaschine.

DER SCHLECHT VERSORGTE KNOPF

Jeden Morgen, wenn sich der General an seinen Tisch setzte, machte er die Schublade auf und nahm den roten Knopf hervor, und am Abend, bevor er nach Hause ging, versorgte er ihn wieder. Eines Morgens, als er die Schublade öffnete, war der Knopf nicht darin. Der General wurde zuerst bleich, dann rötlich und schlug schließlich voller Zorn mit der Faust auf den Tisch, genau auf den roten Knopf, worauf die ganze Welt in Rauch und Flammen unterging.

> Jedes Ding am rechten Ort
> Erspart viel Müh und böse Wort.

DER PRESSLUFTBOHRER
UND DAS EI

Ein Pressluftbohrer und ein Ei stritten sich einmal, wer von ihnen der Stärkere sei.

»Natürlich ich!«, behauptete der Pressluftbohrer.

»Ha«, krächzte das Ei, »ich bin viel stärker!«

Der Pressluftbohrer zuckte überlegen die Achseln: »Wie du meinst. Ich bohre dich in tausend Stücke.«

»Und ich schlage dir den Schädel ein!«, quietschte das Ei.

»Ei, du dummes Ding«, sagte der Pressluftbohrer und schüttelte den Kopf, »wie soll das zugehen?«

»Wirst schon sehen«, prahlte das Ei und warf sich in die Brust.

»Ich brauche nur den kleinen Finger zu rühren«, lachte der Pressluftbohrer.

»Ich mache dich mit meinem Dotter zu Brei!«, krähte das Ei und trat kampflustig von einem Bein aufs andere.

Da ward es dem Pressluftbohrer zu dumm, und er bohrte, wie er schon zu Beginn betont hatte, das Ei in tausend Stücke.

EKTISCH

Das Ektische gehört zu den toten Sprachen und scheint mir deshalb die interessanteste von allen zu sein, weil sie nur zwei Wörter hatte. Das erste hiess »M« und das zweite »Saskrüptloxptqwrstfgaksolömpääghrcks«.

»M« ist weiblich und heißt: »Was ist denn jetzt wieder los?«, und »Saskrüptloxptqwrstfgaksolömpääghrcks« ist männlich und heißt: »Nichts.«

Das kam daher, dass die Ekter in einem erloschenen Vulkantrichter lebten, der tief im Innern immer noch rumorte. Jedes Mal wenn es rumpelte, schossen die Ekterinnen erschreckt auf und riefen: »M?«, worauf ihre Männer mit beruhigender Stimme sagten: »Saskrüptloxptqwrstfgaksolömpääghrcks.«
Das war das Einzige, worüber die Ekter sprachen, alles andere erledigten sie in so großer Eile, dass ihnen keine Zeit zum Sprechen blieb.
Ein unruhiges Land muss das gewesen sein, dieses Ektien. Einmal kam es infolge von ungewöhnlichen Häufungen des Vulkangrollens sogar zu politischen Demonstrationen, bei denen eine große Zahl von Ektern vor das Rathaus zog und in Sprechchören die Worte »M!M!M!« ausrief, worauf der ektische Präsident auf den Balkon des Rathauses trat und in einer grossen Rede versicherte: »Saskrüptloxptqwrstfgaksolömpääghrcks!«

Dies stimmte allerdings nicht ganz, und der Präsident selbst wusste das auch, aber unglücklicherweise hatte er keine weiteren Ausdrücke zur Verfügung, und so gehört das Ektische heute zu den ausgestorbenen Sprachen.

DER KLUGE BÄR

Ein Mädchen wohnte einmal, das ist lange her, ganz allein im Wald. Wie es dazu kam, dass niemand sonst bei ihm war, weiß ich nicht, ich weiß nur, dass es recht gefährlich war, gerade früher, als es noch Räuber, Geister und wilde Tiere gab.
Das Mädchen bekam das auch zu spüren.
Jeden Tag wenn es wegging, schlich ein böser Zwerg in sein Häuschen und stürzte Tisch, Bett und Stühle um, zerschlug auch alles Geschirr, das er erreichen konnte, und richtete überhaupt eine entsetzliche Unordnung an. Das Mädchen hatte es zuerst mit Güte versucht und dem Zwerg ein Breilein hingestellt oder ein neues Jäckchen gestrickt, aber es erntete nur Hohn und ärgere Verwüstungen, jetzt lag sogar der ausgeleerte Abfallkübel unter der Bettdecke. Da bastelte es eine Zwergenfalle, doch der Zwerg war viel zu schlau, um hineinzutreten. Das Mädchen dachte schon daran, sein Waldhäuschen für immer zu verlassen, da klopfte eines Abends ein Bär an seine Türe. Es machte ihm auf und teilte mit ihm sein Abendessen, und das traf sich sehr gut, denn es gab Honigbrote. Der Bär strich sich nachher mit der Pfote über die Schnauze und sagte:

»Mädchen, Mädchen süß und weich,
Schwimm am Morgen in dem Teich!«

Dann legte er sich gleich hinter die Haustüre und begann zu schlafen.

Am andern Morgen war der Bär verschwunden, aber das Mädchen erinnerte sich an seine Worte und dachte: »Vielleicht ist da etwas dran.«

Es ging zum Waldteich, der in der Nähe seines Häuschens war, legte seine Kleider unter eine alte Eiche und schwamm zum Seeroseninselchen hinaus. Kaum hatte es ein paar Züge gemacht, flitzte der Zwerg aus einem Baumspalt und nahm mit einem hässlichen Lachen die Kleider des Mädchens unter den Arm. Darauf hatte der Bär gewartet, der sich hinter dem Eichenbaum versteckt hielt. Mit einem kräftigen Prankenschlag tötete er den bösen Zwerg und gab dem Mädchen seine Kleider zurück.

Das Mädchen war sehr glücklich. Es dankte dem Bären und sagte zu ihm: »Sicher bist du ein verzauberter Prinz. Sag mir, wie ich dich erlösen kann.«

»I wo«, sagte der Bär, »ich bin ein Bär und fühle mich wohl. Als Mensch käme ich mir schön blöd vor.«

Trotzdem kam er von jetzt an jeden Abend in das Häuschen des Mädchens zum Nachtessen, schlief die Nacht hinter der Haustüre und ging beim Morgengrauen wieder fort, und die beiden blieben gute Freunde ihr Leben lang.

DIE DREI SÖHNE

Ist euch auch schon aufgefallen, dass es in den Märchen meistens dem jüngsten Sohn am besten geht? Ich finde das gemein den älteren Söhnen gegenüber, und deshalb erzähle ich euch jetzt ein Märchen, in dem es dem jüngsten Sohn am schlechtesten geht.
Es war einmal ein Bauer, der hatte drei Söhne.
Der älteste war fleißig, der zweite war stark, der dritte aber war dumm und hatte nichts als Flausen im Kopf.
Als nun die Zeit kam, da der Bauer sterben sollte, rief er die drei Söhne zu sich und sagte: »Ich bin alt und fühle, dass ich bald sterben muss. Da ich nicht weiß, wie ich mein Gut unter euch aufteilen soll, möchte ich, dass jeder einen Tag lang das tut, was er am besten kann, und danach will ich euren Teil bemessen.«
»Ei«, dachte der älteste, »ich kann gut mähen«, stand am kommenden Morgen in aller Frühe auf und mähte den ganzen Tag, sodass am Abend, als er mit halb gebrochenem Rücken zurückkam, auf allen Wiesen des Gutes die Heuhäuflein lagen, als hätte sie der Herrgott hingestreut.
»Und ich«, dachte der zweitälteste, »ich kann gut Bäume fällen«, ging schon vor dem ersten Hahnenschrei in den Wald, fällte dort die drei dicksten und größten Tannen, rindete und astete sie ab, dass es eine Art hatte, und schleppte sie mit dem Pferdegespann in des Vaters Hof, wo er sie bei Sonnenuntergang hinlegte.

Der jüngste Sohn schlief zuerst tüchtig aus und überlegte sich dann lange, was er tun könnte. »Ich glaube«, sagte er halblaut zu sich, »am besten kann ich singen«, und er hub an, unter dem Fenster seines Vaters zu singen. Als er zwei Lieder schlecht und recht gesungen hatte, fiel ihm keins mehr ein, und er hörte auf. »Eigentlich kann ich nichts«, dachte er bei sich, ging hin und legte sich wieder schlafen, bis der Abend kam.

Als der Tag zu Ende war, rief der Vater die drei Söhne zu sich und teilte ihnen mit, was er beschlossen hatte. »Du«, sagte er zum ältesten, »kannst gut mähen, deshalb bekommst du alle Wiesen meines Gutes. Und du«, sagte er zum zweitältesten, »kannst gut Bäume fällen, deshalb sollen dir alle Wälder meines Gutes gehören. Und du«, fuhr er fort, indem er sich zum jüngsten wandte, »du kannst nichts, und deshalb bekommst du nichts.«

Bald danach starb der Vater, und die beiden älteren Söhne übernahmen das Gut, wie es der Vater angeordnet hatte. Beide brachten es durch kluge und fleißige Bewirtschaftung dazu, dass sie ihren Besitz erweitern konnten und angesehene Männer wurden, der jüngste aber zog bald vom Hof fort und kam nie mehr zurück, und es gibt keine Anzeichen dafür, dass er es in seinem Leben zu irgendetwas gebracht hätte.

DIE DREI GÄRTNER

In einer Stadt lebten einmal drei Gärtner, die hatten ihre Grundstücke nebeneinander.
Der erste pflanzte Salat, der zweite Tomaten, und der dritte pflanzte Blumen.

Das hatte sich bald unter den Schnecken herumgesprochen, und sie krochen in Scharen zu den drei Grundstücken.

Der erste Gärtner streute überall wohlriechende Schneckenkörner. Fraß aber eine Schnecke, vom Geruch angezogen, ein solches Korn auf, krümmte sie sich wenig später und starb einen qualvollen Tod.

Der zweite Gärtner dachte sich etwas anderes aus. Er zog um seine Tomatenbeete lange Gräben, die er mit Bier füllte, und die Schnecken, die nichts lieber tranken als Bier, stürzten sich in das schäumende Getränk und ersoffen jämmerlich.

Dem dritten Gärtner aber taten die Schnecken leid. »Warum sollen sie nicht auch etwas zu fressen haben?«, dachte er, sammelte sie jeden Morgen ein und warf sie in den Garten seiner Nachbarn, einmal in den zur Linken und einmal in den zur Rechten.

Eines Tages nun wurde im Land bekannt gegeben, die Tochter des Königs sei von einem Zauberer auf einen Glasberg entführt worden, und wer sie von dort erretten könne, bekäme sie zur Frau.

Die drei Gärtner begaben sich zum Fuß des Glasbergs, wo sich schon die verschiedensten Abenteurer, Ritter und Bastler eingefunden hatten. Aus Angst, seine Tochter könne verletzt werden, hatte der König den Gebrauch von Kanonen verboten, und so gab es für all die Kühnen fast keine andere Möglichkeit, als selbst irgendwie hinaufzugelangen. Einer hatte es versucht, indem er sich Schröpfköpfe an den Füßen befestigte, aber gegen oben wurde die Bergwand so steil, dass er abstürzte. Ein anderer hatte sich Hände und Füße mit Leim eingestrichen, doch nach einem Viertel der Strecke blieb er kleben und verhungerte.

Ein Prinz hatte tausend Luftballone zusammengebunden und ließ sich von ihnen in die Höhe ziehen, aber der Zauberer lenkte mit einem Brennspiegel die Sonnenstrahlen auf die Ballone, sodass einer nach dem andern platzte und der Luftprinz in den Tod fiel.

»Ei«, dachte der erste Gärtner, »das wäre doch etwas für meine Schnecken.« Er sammelte ein, so viel er konnte, spannte sie am Fuß des Glasbergs vor einen Schlitten, schwenkte ihnen Salatblätter vor den Fühlern hin und her und rief: »Hü!«

Sofort begannen die Schnecken den Berg hochzukriechen, aber in der Hälfte drehten sie sich um, und die älteste sagte: »Du warst immer böse zu uns – jetzt bekommst du deinen Lohn.« Kichernd ließen die Schnecken den Schlitten fahren, und der Gärtner stürzte zu Tode.

Der zweite Gärtner ließ sich dadurch nicht beirren. »Ein klarer Fall für Schnecken«, sagte er sich, sammelte ein, so viel er konnte, und ging zum Fuß des Glasbergs. »Hü!«, rief er, »oben gibt's Bier aus meinem Rucksack!«

Die Schnecken krochen los, und der zweite Gärtner trat barfuß in die klebrigen Schleimspuren. Er war schon gut in der Hälfte, da sagte die älteste Schnecke: »Du warst immer böse zu uns und hast uns keine einzige Tomate gegönnt – jetzt bekommst du deinen Lohn.« Und alle sonderten einen glatten Schleim ab, sodass der zweite Gärtner ausrutschte und mit einem fürchterlichen Schrei in die Tiefe schlitterte.

Den dritten Gärtner schreckte dies nicht ab. »Schließlich«, dachte er, »habe ich den Schnecken immer geholfen, jetzt werden sie mir wohl auch helfen.« Er sammelte ein, so viel er konnte, baute sich eine Kutsche, ging zum Fuß des Glasbergs, spannte die Schnecken ein und rief: »Hü!«

Die älteste Schnecke sagte: »Du warst immer gut zu uns – jetzt bekommst du deinen Lohn.« Und sie zogen ihn in seiner Kutsche bis zuoberst auf den Glasberg.

Damit war die Macht des Zauberers gebrochen. Vor den Augen des Gärtners wurde er in eine Bierflasche verwandelt. Der Gärtner gab der Flasche einen Tritt, dass sie klirrend den Glasberg hinuntersauste und in tausend Stücke zersplitterte.

Dann kniete er errötend vor der Prinzessin nieder und lud sie ein, in seiner Kutsche Platz zu nehmen.

Er war der Prinzessin aber äußerst unsympathisch, denn sein Haar war nicht gewaschen, seine Jeans waren zerrissen, und seinen wollenen Pullover fand sie irgendwie das Letzte. Auch hasste sie seine Birkenstocksandalen sowie sein farbiges Käppchen mit dem indischen Muster, und sein ständiges dümmliches Strahlen ging ihr auf die Nerven. Sie ahnte, dass sie ihn heiraten sollte, und es graute ihr davor. Als er sich während der Talfahrt auch noch rühmte, dass er mit den Schnecken befreundet sei, und ihr erzählte, wie es dazu gekommen war, sagte sie: »Du hast also die Schnecken einfach deinen Kollegen zum Töten überlassen?«

»Tja«, antwortete er, »so kann man das nicht sehen. Ich habe ihnen das Leben gerettet.«

»Quatsch«, sagte die Prinzessin, »du warst einfach zu faul, sie wegzutragen, und hast sie in den sicheren Tod getrieben. Deshalb kannst du jetzt deinen Kollegen folgen.« Und sie stieß den gänzlich überraschten Gärtner aus der Kutsche, sodass er zu Tode stürzte.

Da wurden die Schnecken so böse, dass sie die Kutsche fahren ließen, und die Prinzessin stürzte ebenfalls zu Tode.

Der König war darob so verzweifelt, dass er sich mit Schneckenkörnern das Leben nahm. Seither wird das Land wieder demokratisch regiert, und das ist wahrscheinlich auch besser so.

DER LETZTE PRINZ

Es war einmal ein Prinz, der wollte auf keinen Fall eine verzauberte Prinzessin befreien. Zwar bekam er fast jeden Tag einen Brief mit einer Anfrage, aber er beantwortete keinen, er merkte sich bloß, woher er kam, und machte dort ein Kreuzlein auf der Weltkarte.

Als er eines Tages auf eine große Reise ging, wie das jeder Prinz einmal tun muss, wählte er einen Weg, der keinem dieser Kreuzlein zu nahe kam. Das gab eine seltsame Zick-Zack-Route, doch der Prinz wusste schon, was er tat.

»Ich bin mutig und tapfer«, dachte er, »aber ich bin nicht klug genug, um irgendwelche Rätsel zu lösen.«

Obwohl er sich immer Mühe gegeben hatte, keine Ameise zu zertreten, hatte ihm noch nie eine ihre Hilfe angeboten, falls er einmal Erbsen und Linsen sortieren müsste. Dafür stürzte er sich in jede Schlacht, die gerade tobte. Am besten war er in der Panzerabwehr. Er hatte immer ein paar Panzerfäuste in seiner Tragtasche, und wenn er eine abfeuerte, traf sie auch.

Das wurde bald bekannt, und deshalb fragten ihn die Kirgisen, ob er ihnen nicht beim Kampf gegen die Burjäten helfen könne, die sie immer wieder mit ihren Panzern überfielen. Vor allem gelinge es ihnen nie, den burjätischen Führungspanzer zu treffen, den man an einem silbernen Streifen am Geschützturm erkenne.

Der Prinz freute sich auf seine Aufgabe. Er wartete mehrere Monate in der großen Grenzsteppe auf den Überfall der burjätischen Armee. Endlich, eines frühen Morgens, rasselten die Panzer heran, und die kirgisische Abwehr feuerte aus allen Rohren. Trotzdem rückten die Feinde unaufhaltsam vor, angeführt vom Panzer mit dem Silberstreifen.

Der Prinz hatte sich eigens eine Panzerfaust mit einem silbernen Streifen angefertigt und schoss sie zielsicher ab. Wie groß war aber sein Erstaunen und das aller Soldaten, als nach der Explosion statt des Panzers eine wunderschöne Jungfrau mit einem silbernen Stirnband dastand und sofort auf den Prinzen zueilte.

»Du hast mich erlöst!«, rief sie laut, als sie ihn in die Arme schloss, »die böse Fee Würgegurgel hat mich in einen Panzer verzaubert, und endlich ist der Bann gebrochen!«

Der Prinz war zuerst etwas verärgert, aber die Prinzessin hatte so schöne Mandelaugen, dass er sie sofort heiratete und sehr glücklich mit ihr wurde.

»Nun habe ich zwar«, sagte er sich, »doch eine Prinzessin befreit, aber wenigstens musste ich keins dieser einfältigen Rätsel lösen.«

DER SCHNITTLAUCHHIRT

In einem Bergdorf gab es einen Kuhhirten, einen Schafhirten, einen Ziegenhirten, einen Schweinehirten und eine Gänsehirtin.

Alle zogen am Morgen mit ihren Tieren hinaus und führten sie auf ihre Weide- und Fressplätze, und am Abend trieben sie sie zurück in die Ställe.

Porro, der Sohn des Holzfällers Jost, wäre auch gerne Hirt geworden, aber alle Stellen waren schon besetzt.

»Nun denn«, sagte seine Mutter Babette zu ihm, »dann musst du dein Glück in der Fremde suchen«, und Jost, sein Vater, nickte sorgenvoll.

»Ach was«, sagte der Bursche, »ich bleibe hier und werde Schnittlauchhirt.«

Seine Eltern schlugen die Hände über dem Kopf zusammen.

»Wer hat schon so etwas gehört?«, rief Babette, und Jost sagte: »Davon kannst du uns auf unsere alten Tage nicht ernähren.«

»Wir werden ja sehen«, sagte Porro.

Seine Eltern hatten eine kleine Quelle, in deren Nähe etwas Schnittlauch wuchs, und von nun an setzte er sich jeden Tag neben die Quelle und spielte auf seiner Flöte aus Holunderholz die schönsten Melodien.

Rasch verbreitete sich die Kunde von Porros neuer Beschäftigung im Dorf, und ab und zu ging einer der Hirten bei ihm vorbei und fragte ihn, was er da mache.

»Ich hüte den Schnittlauch, wie du siehst«, sagte Porro.

»Damit er nicht davonläuft?«, fragte dann der andere, und jedes Mal gab Porro zur Antwort: »So ist es. Der Schnittlauch hat flinke Füße.«

So wurde er zum Gespött des Dorfes. Nur die Gänsehirtin fragte ihn nichts, sondern setzte sich immer ein Weilchen zu ihm, wenn sie mit ihren Gänsen an der Quelle vorbeikam, und hörte seinem Flötenspiel zu.

»Du würdest mir besser beim Holzfällen helfen«, brummte sein Vater nach ein paar Tagen.

»Das ist mir zu anstrengend«, sagte Porro, »zudem darf ich meinen Schnittlauch nicht verlassen.« Und dabei blieb er.

Den ganzen Tag hörte man von der Quelle her seine Flötentöne. Die Schnittlauchstängel aber reckten ihre violetten Köpfchen in die Höhe und gediehen prächtig.

Babette besaß zwei Ziegen, Lisette und Grisette, und brachte jede Woche einmal ihre Ziegenkäslein auf den Markt ins Tal, wo sie sie um geringes Geld verkaufte.

Als der erste Schnittlauch groß genug war und wunderbar duftete, sagte Porro zur Mutter, sie solle die nächsten Käslein mit Schnittlauch machen und um das Doppelte verkaufen. Die Mutter wehrte sich und meinte, von solchen Käslein habe sie noch nie etwas gehört.

»Gerade deshalb«, sagte ihr Sohn, und als er ihr eine Schale fein gehackten Schnittlauch hinlegte, versuchte sie es schließlich und mischte das grüne Kraut in die Käslein hinein.

Als sie am nächsten Morgen zum Markt aufbrach, rief ihr der Sohn nach: »Und wenn sie dich fragen, woher du den Schnittlauch hast, dann sag, vom Schnittlauchhirten mit der Holunderflöte!«

Die Mutter stellte sich auf den Markt und breitete ihre Ware auf einem Brett aus, doch so oft sie auch rief: »Ziegenkäslein mit frischem Schnittlauch! Ziegenkäslein mit frischem Schnittlauch!«, sie konnte keines verkaufen.

Und diejenigen, die sonst bei ihr gekauft hatten, fragten, ob da wirklich Schnittlauch drin sei, und wenn Babette antwortete, ja, das sei etwas Neues und besonders gut, rümpften sie misstrauisch die Nase und gingen weiter.

Am Abend, als sie ihre Käslein enttäuscht wieder in den Korb packen wollte, stand auf einmal die Köchin des Königs da und fragte, was sie feilbiete, und Babette sagte, was sie schon den ganzen Tag gerufen hatte: »Ziegenkäslein mit frischem Schnittlauch.«

Die Köchin roch daran und sagte, das sei genau das Richtige, die Prinzessin habe morgen Geburtstag und sie esse seit Neustem kein Fleisch mehr, deshalb habe der König eine andere Vorspeise befohlen als das Kalbshirn in Speckröllchen, das sie sonst immer mache, und sie kaufte Babette alle Käslein zum doppelten Preis der gewöhnlichen Käslein ab.

»Siehst du?«, sagte Porro, als seine Mutter zufrieden mit dem verdienten Geld nach Hause kam. »Mach dieselben Käslein wieder, und wenn man dich fragt, woher der Schnittlauch komme, dann sag, vom Schnittlauchhirt mit der Holunderflöte.«

In den nächsten Tagen setzte er sich wieder an die Quelle und flötete für seinen Schnittlauch, und manchmal kam die Gänsehirtin vorbei, setzte sich auf einen Stein und hörte zu.

Als seine Mutter eine Woche später wieder mit einem Korb voll Schnittlauchziegenkäslein auf den Markt ging, stand die Köchin des Königs schon da.

»Die Prinzessin war ganz begeistert«, sagte sie, »und hat mich gebeten, ihr wieder von diesen Käslein zu bringen.«

Sie kaufte gleich den ganzen Korb und fragte dann, wie man die Käslein mache. Babette verriet ihr das Rezept, und zufrieden ging die Köchin zurück ins Schloss, und ebenso zufrieden ging die Frau des Holzfällers nach Hause.

Am Abend erzählte sie ihrem Mann und ihrem Sohn von ihrem guten Verkauf und dem Gespräch mit der Köchin. Ihr Mann ärgerte sich: »Warum hast du ihr das Rezept gegeben? Jetzt kann sie die Käslein selbst machen, du Dummerchen!«

Aber Porro sagte: »Mach ruhig wieder dieselben Käslein und verlang dreimal so viel dafür, und wenn sie dich fragt, woher du den Schnittlauch hast, dann sag, vom Schnittlauchhirt mit der Holunderflöte.« Und von der Quelle her ertönten in den nächsten Tagen wieder die schönsten Holunderflötentöne, und manchmal sah man die Gänsehirtin mit ihren Gänsen vorbeiziehen.

»Haben deine Gänse gern Schnittlauch?«, fragte sie der Kuhhirt einmal, aber die Gänsehirtin lächelte nur.

Als Babette das nächste Mal mit ihren Schnittlauchziegenkäslein auf den Markt ging, hatte es sich schon herumgesprochen, dass diese Spezialität vom Königshaus geschätzt wurde, und verschiedene Leute kauften ihr eins ab und zahlten ohne Weiteres den dreifachen Preis.

Dann kam die Köchin und war ganz unglücklich, weil Babette das meiste schon verkauft hatte. Sie habe die Käslein genauso gemacht, wie sie ihr gesagt habe, aber sie seien lange nicht so gut herausgekommen. Die Prinzessin habe es sofort gemerkt. Woher sie denn die Ziegenmilch habe?«

»Von meinen Ziegen Lisette und Grisette«, sagte Babette, »die fressen den ganzen Tag feine Bergkräuter.«

Die Köchin kaufte ihr die restlichen Käslein ab und fragte sie, ob sie ihr das nächste Mal eine Kanne Milch von Lisette und Grisette mitbringe.

»Gerne«, antwortete Babette, aber als sie es am Abend ihrem Jost erzählte, rief er: »Du Dummerchen, dann kann sie die Käslein selber machen!«

Porro hingegen lachte und sagte, sie solle die Milch ruhig bringen, und für die Käslein viermal so viel verlangen, und wenn die Köchin frage, woher der Schnittlauch komme, solle sie sagen, vom Schnittlauchhirt mit der Holunderflöte.

In der folgenden Woche brachte Babette eine Kanne Milch von Lisette und Grisette auf den Markt, und die Köchin wartete schon. Sie bezahlte die Milch sehr gut, und Babette verkaufte ihr nicht ganz alle Käslein, denn ein paar ihrer Kundinnen waren nun auch auf den Geschmack gekommen und bezahlten ihr ohne zu zögern viermal so viel dafür.

Als sie nach Hause kam, traf sie ihren Jost ganz traurig an, denn ein Sägeblatt war in einer Rottanne stecken geblieben, und er konnte sich kein neues kaufen.

Da leerte Babette ihren Geldbeutel auf den Tisch, zog aus ihrem Sparstrumpf das, was sie letzte Woche verdient hatte, und siehe da, es reichte genau für ein neues Sägeblatt. Jost freute sich und machte seiner Frau keine Vorwürfe mehr. Mit dem neuen Sägeblatt ging ihm die Arbeit fast doppelt so schnell von der Hand.

Diese Woche war Vollmond, und Porro spielte seinem Schnittlauch auch nachts auf seiner Holunderflöte die schönsten Melodien vor.

»Hütest du die Gänse neuerdings auch nachts?«, fragte der Schafhirt die Gänsehirtin am nächsten Tag, aber die lächelte nur.

Als Babette wieder auf den Markt ging, rief ihr Porro nach: »Wenn dich die Köchin fragt, woher du den Schnittlauch hast, dann sag, vom Schnittlauchhirt mit der Holunderflöte!«

Er dachte sich neue, wunderbare Musikstücke für seinen Schnittlauch aus, die Schnittlauchgräser reckten ihre violetten Köpfchen in die Höhe, und der Wind strich sanft über sie hinweg und entlockte ihnen die köstlichsten Düfte. Die Gänsehirtin saß auf einem Hügel über dem Dorf, knüpfte ihr rotes Kopftuch auf ihren Stecken und schwenkte ihn im Takt zu den Flötentönen.

»Man könnte meinen«, sagte der Ziegenhirt, der seine Tiere in der Nähe weidete, »da spiele einer zum Tanz auf«, aber die Gänsehirtin lächelte nur.

»Ach, Babette!«, seufzte die Köchin des Königs, »ich habe es mit der Milch von Lisette und Grisette versucht, und die Käslein sind nicht halb so gut geworden wie deine, die Prinzessin hat es sofort gemerkt – aber sag, wo hast du eigentlich den Schnittlauch her?«

»Den hab ich vom Schnittlauchhirt mit der Holunderflöte«, erklärte Babette stolz, und als die Köchin fragte, ob sie ihr das nächste Mal nicht davon mitbringen könne, sagte Babette, da müsse sie zuerst den Hirten fragen.

Die Köchin kaufte ihr die meisten Käslein ab, für die andern standen die Frauen schon Schlange, und so war Babette bereits am Mittag wieder zu Hause.

Sie fragte ihren Sohn, ob sie der Köchin das nächste Mal Schnittlauch für die Prinzessin mitbringen dürfe.

Porro lachte und sagte, nein, die Prinzessin müsse ihn selber holen.

Das hörte seine Mutter gar nicht gern, und auch der Vater schüttelte den Kopf darüber: »Was kommt dir in den Sinn? So machen wir uns beim König unbeliebt, und du bringst Unglück über uns!«

Doch Porro blieb dabei. »Hab ich euch bis jetzt nicht Glück gebracht?«, sagte er, und er erfand besonders fröhliche, trällernde Melodien, die er seinem Schnittlauch vorspielte. Die Schnittlauchgräser streckten ihre violetten Köpfchen in die Höhe und wurden größer als je zuvor.

Manchmal antwortete ihm die Gänsehirtin von einem Hügel auf einer kleinen Holunderflöte, die er für sie geschnitzt hatte.

»Meinst du, deine Gänse werden dicker davon?«, fragte sie der Schweinehirt, aber die Gänsehirtin lächelte nur.

Babette jedoch sagte der Köchin zitternd, was ihr Porro aufgetragen hatte, und die Köchin sagte es zitternd der Prinzessin, und die Prinzessin sagte es zitternd ihrem Vater, der es ihr sogleich donnernd verbot.

Da wurde die Prinzessin krank, und ein hohes Fieber schüttelte sie tagelang. Die Ärzte wussten keinen Rat. Man rieb sie mit Enzianschnaps ein, man machte ihr heiße Kohlwickel, man gab ihr Salbeitee zu trinken, es nützte alles nichts.

Der König war sehr besorgt um seine Tochter. Schließlich fragte er sie in seinem Kummer, ob er ihr einen Wunsch erfüllen könne, und die Prinzessin sagte: »Ich möchte, dass in meinem Garten der Schnittlauch des Schnittlauchhirten mit der Holunderflöte wächst.«

Sofort schickte der König einen berittenen Boten mit einem Beutel voll Gold in Babettes Bergdorf.

Dieser traf vor dem Dorf zuerst auf den Kuhhirten und fragte ihn nach dem Schnittlauchhirten mit der Holunderflöte. Der ärgerte sich, dass ein Bote des Königs den Dorftrottel suchte, und schickte ihn zum Ziegenhirten weit oberhalb des Dorfes, und der schickte ihn zum Schafhirten, der mit seinen Tieren noch weiter oben war, und der schickte ihn zum Schweinehirten unterhalb des Dorfes, und der sagte ihm, er solle den Klängen der Holunderflöte folgen. Das tat der Bote und kam zur Gänsehirtin, die ihren Gänsen auf der kleinen Flöte ein kleines Lied spielte.

Als er sie nach dem Schnittlauchhirten mit der Holunderflöte fragte, lächelte sie nur und ging ihm voran, bis sie bei der Quelle waren, wo Porro auf seiner Holunderflöte dem Schnittlauch vorspielte.

Der Bote trug ihm die Bitte der Prinzessin vor, und Porro sagte, er könne zurückreiten und den Gärtnern sagen, sie sollten ein Beet ausheben so groß wie die Fläche, auf der hier sein Schnittlauch wachse, dann werde er der Prinzessin morgen das Gewünschte bringen. Ob man ihm einen Karren schicken solle, fragte der Bote, aber Porro sagte: »Das ist nicht nötig. Der Schnittlauch hat flinke Füße.«

Als ihm der Bote den Beutel geben wollte, bat ihn Porro, diesen seinen Eltern ins Häuschen zu bringen, er müsse sich hier mit dem Schnittlauch besprechen. Der Bote übergab den Beutel der Mutter und ritt dann zurück ins Schloss. Die Flötentöne klangen ihm ins Tal nach.

Am andern Morgen stand Porro vor seinem kleinen Feld an der Quelle und sagte zu seinen Schnittlauchstängeln: »Also, ihr wisst, was ihr zu tun habt.« Er stimmte einen fröhlichen Marsch an, drehte sich auf dem Absatz um, dann gab es ein Knistern und Ritschen und Ratschen, und alle Schnittläuche trippelten auf ihren Wurzeln hinter ihm her dem Dorfausgang zu.

Die andern Hirten, die gerade am Aufbrechen waren, konnten kaum glauben, was sie sahen, Dutzende von Köpfen schauten mit offenen Mündern zum Fenster hinaus, nur die Gänsehirtin lächelte, steckte die kleine Flöte ein und ging ihre Gänse holen.

Der Schnittlauchhirt mit der Holunderflöte kam flott voran, denn der Schnittlauch hat flinke Füße, und natürlich erregte er mit dem kleinen Umzug unterwegs großes Aufsehen. Man ritt ihm voraus und kündigte seine Ankunft im Schloss an, die Prinzessin wickelte sich in eine Wolldecke und trat auf den Balkon, und als sie den flötenden Hirten kommen sah mit dem ganzen Schnittlauchbeet, das brav und flink hinter ihm hertrippelte, musste sie so laut und lange lachen, dass sie wieder gesund wurde.

Die Schlossgärtner pflanzten den Schnittlauch dort ein, wo sie das Beet vorbereitet hatten; die Köchin war überglücklich, dass sie jetzt den Schnittlauch jederzeit pflücken konnte, und der König war so begeistert, dass er den Hirten zu einem großen Essen einlud, das mit Kalbshirn in Speckröllchen anfing.

Wer aber denkt, dass der Schnittlauchhirt die Prinzessin zur Frau bekommen hat, der täuscht sich. Er bekam eine gut bezahlte Stelle als königlicher Schnittlauchhirt und musste an drei Tagen in der Woche mit seiner Holunderflöte dafür sorgen, dass der Schnittlauch in guter Stimmung war.

Er blieb gleich drei Tage dort, bis er sicher war, dass es dem Schnittlauch unter dem Balkon der Prinzessin wohl war.

Dann ging er nach Hause, und als er zu seiner Quelle kam, saß dort die Gänsehirtin und spielte auf der kleinen Holunderflöte, und schon streckten die ersten Schnittlauchstängel ihre Köpfchen aus dem Boden.

»Na, du und ich und der Schnittlauch – was meinst du?«, fragte Porro.

Die Gänsehirtin lächelte nur.

DIE KREIDE

Als man das Schulhaus umbaute, wurden die Wandtafel, der Schwamm und die Kreide in einen Abfallcontainer geworfen.

Dabei fiel die Kreide vom Rand hinunter und brach entzwei.

Mit ihrem vorderen Stück begann sie langsam auf die Straße zu schreiben: »Das Wichtigste im Leben ist –«

»Na?«, rief der Schwamm von oben.

»– die Freude«, schrieb die Kreide und setzte noch ein Ausrufezeichen dahinter. Und noch eins, und noch eins, und noch eins!

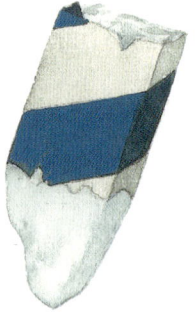

INHALT

Die Kreide und der Schwamm   7

Oh, Hugo!   8

Die fleißige Tiefkühltruhe   13

Eine dumme Geschichte   17

Der Riese und die Erdbeerkonfitüre   20

Der Traumprinz   25

Das Wunder im Schlachthof   29

Das Huhn auf der Funkausstellung   31

Das Marzipanschwein   34

Schafgeschichte   35

Wer ist König?   38

Der unternehmungslustige Prinz   43

Die Himmelsmacht   47

Das Zwerglein und die Autobahn   50

Die Riesen im Parkhaus   53

Die zwölfte Pille   54

Ein ungleicher Kampf   57

Wie die Rinde recht bekam   59

Wie viel Bäume braucht der Mensch?   62

Vom Stein, der sich kratzen wollte   67

Das Zauberschächtelchen   69

Die Schöpfung   74

Eine zweite   76
Und noch eine   78
Weihnachten – wie es wirklich war   80
Das Pfingstwunder   84
Der Mann auf der Insel   86
Der Gärtner   88
Die sprechende Kastanie   89
Die alte Frau   92
Wo das Paradies liegt   94
Die verschwundenen Leintücher   101
Der große Zwerg   104
Der Handydieb   105
Kriminalroman   107
Das tote Kaninchen   110
Wie die Berge in die Schweiz kamen   113
Die dumme Lawine   116
Die Spaghettifrau   122
Das unsterbliche Zahnbürstchen   130
Die Kleider des Herrn Zogg   133
Der dreißigste Kanal   135
Der tragische Tausendfüßler   146
Der Frosch und die Zahnpasta   148
Der Pfingstspatz   150
Ein klarer Fall   151
Brief an einen Heiligen   153
Der König, ganz für sich   156
Der neugierige Prinz   158
Der Schmied und der Bäcker   164

Der Granitblock im Kino   173
Die Verzweifelten   176
Die seltsame Hochzeit   179
Die ungleichen Regenwürmer   182
Made in Hongkong   184
Die Maus am Pferderennen   187
Die feindlichen Schrauben   190
Ein seltener Vogel   192
Der Schatz von Zürich   194
Ein schöner Nachmittag   201
Der Verkäufer und der Elch   204
Eine wilde Nacht   207
Der Mann mit der braunen Mütze   213
Abmagern   217
Der schlechte Esser   219
Der offene Kühlschrank   222
Das Männlein in der Sirupflasche   226
Das kleine Orchester   235
Der Nebel in der Wüste   240
Das Land in der Stadt   246
Eine dicke Freundschaft   249
Der Briefkasten   252
Ein Streich   254
Auf der Straße   256
Der große Ball   258
Gespenstergeschichte   260
Die kranken Schwestern   262
Das Kind im Manne   264

Nachbars Hund   267

Der Unglücksrabe   270

Der alte Mann   273

Eine ganz neue Erfindung   277

Der schlecht versorgte Knopf   281

Der Pressluftbohrer und das Ei   282

Ektisch   284

Der kluge Bär   287

Die drei Söhne   290

Die drei Gärtner   293

Der letzte Prinz   298

Der Schnittlauchhirt   301

Die Kreide   315

Franz Hohler, geboren 1943 in Biel, zählt zu den großen Schweizer Autoren der Gegenwart. Bei Hanser erschienen zuletzt die Bilderbücher »Der Tanz im versunkenen Dorf«, illustriert von Reinhard Michl (2005), und »Wenn ich mir etwas wünschen könnte«, illustriert von Rotraut Susanne Berner (2000).

Nikolaus Heidelbach, geboren 1955 in Köln, wurde für sein künstlerisches Schaffen vielfach ausgezeichnet, unter anderem mit dem Deutschen Jugendliteraturpreis in der Sparte Bilderbuch und dem Sonderpreis zum Deutschen Jugendliteraturpreis für sein Gesamtwerk.